KB198028

커피

이토록 역사적인 음료

**커피**
**이토록 역사적인 음료**

한국인에게 커피는 무엇인가

1판 1쇄 발행 2024년 11월 30일

| | |
|---|---|
| 지은이 | 진용선 |
| 펴낸이 | 이민선, 이해진 |
| 편집 | 홍성광 |
| 디자인 | 박은정 |
| 사진 | 진용선 |
| 제작 | 호호히히주니 아빠 |
| 인쇄 | 신성토탈시스템 |

| | |
|---|---|
| 펴낸곳 | 틈새책방 |
| 등록 | 2016년 9월 29일 (제2023-000226호) |
| 주소 | 10543 경기도 고양시 덕양구 으뜸로110, 힐스테이트에코덕은 오피스 102-1009 |
| 전화 | 02-6397-9452 |
| 팩스 | 02-6000-9452 |
| 홈페이지 | www.teumsaebooks.com |
| 인스타그램 | @teumsaebooks |
| 페이스북 | www.facebook.com/teumsaebook |
| 유튜브 | www.youtube.com/틈새책방 |
| 전자우편 | teumsaebooks@gmail.com |

ISBN 979-11-88949-69-4  03910

커피 ———————— 이토록 역사적인 음료

:: 한국인에게 커피는 무엇인가

:: 진용선 지음

틈새책방

아침이면 나는 늘 커피와 함께 하루를 시작한다. 모카 포트에 채워진 커피가 압력과 함께 끓어오르기 시작할 때, 그 소리에 묻어 나오는 진한 커피 향이 나는 참 좋다. 하얀 잔 안에 황금색 크레마가 가라앉고 단맛이 이어질 무렵 컴퓨터를 켜고 하루를 시작하는 것이 이제는 일상이 됐다.

내가 커피를 처음 경험한 때는 중학교 2학년 겨울이다. 겨울 초입에 들어설 무렵 춘천으로 전학을 갔고, 그해 겨울 방학 때 하숙집 형을 따라 공지천 옆에 있는 '이디오피아의 집'이라는 카페에 갔다. 그곳에서 경험한 커피는 에티오피아 원두를 썼다고 했지만 이름도 모르는 쓴 커피였고, 모두 마시지도 못한 채 잔을 내려놓아야 했다. 나는 연인들이 마주 보며 노를 젓는 조각배를 멍하니 바라보기만 했다. 나에게 첫 커피는 한마디로 '맛없는 쓴맛'이었다.

하지만 처음 커피를 알게 된 곳이 특별한 곳임을 안 것은 대학 시절 친구들과 어울려 이디오피아의집을 다시 찾게 되면서였다. 한국 전쟁 때 에티오피아가 아프리카에서 유일하게 지상군, 그것도 최정예 황실 근위 부대를 보내어 주로 춘천을 거쳐 중동부 전선에서 싸웠다는 사실과, 1968년 에티오피아의 마지막 황제 하일레 셀라시에Haile Selassie, 1892~1975가 다녀간 곳에 이디오피아의집과 기념탑이 들어서자 황실 커피 생두를 외교 행낭으로 보내 줘 한국 최초의 원두커피 전문점을 열게 됐다는 사실을 그때 자세히 알게 됐다. 중학교 때 하숙집 형과 놀던 공지천 옆의 참전 기념비에는 고귀한 희생의 역사가 깃들어 있었고, 저녁 무렵 들어간 카페가 예사롭지 않은 곳이었음을 뒤늦게 알게 된 것이다. 그래서인지 나는 처음 커피를 맛본 곳에 대한 기억을 오랫동안 간직했다.

그 후부터 우리나라에서는 언제부터 커피를 마셨는지, 또 누가 먼저 시작했는지 궁금해졌다. 우리와 함께해 온

지 140년에 이르는 커피의 역사를 찾아 궤를 맞췄고, 북적이던 탄광촌 고향 다방을 오가던 사람들과 커피 이야기를 바탕으로 '박물관에서 커피 한잔'이라는 전시회를 열기도 했다. 커피 관련 자료를 분류해 메타데이터를 기술하면서 한국인이 즐기는 커피는 단순한 음료가 아니라 한국인이 지닌 다양한 문화적 맥락이 조화롭게 얽혀 있는 천변만화하는 역사라는 사실을 알게 됐다. 커피를 두고 개인마다 취향이 다르겠지만, 우리가 마시는 세상에서 가장 따뜻한 커피, 가장 맛있는 커피는 알고 마시는 커피라는 생각이 들었다.

우리나라 사람들은 숭늉의 따뜻하고 구수한 맛에 익숙하다. 고려 초나 중엽부터 밥을 할 때 솥에 달라붙은 누룽지에 물을 부어 끓인 숭늉을 마셨다. 숭늉은 살짝 탄 쓴맛과 구수한 향미를 지니고 있어 누구나 즐겼다. 밥을 다 먹은 뒤 후식으로 입가심을 하는 것도 숭늉이다.

일제 강점기를 지나면서 커피는 매우 빠르게 기호 식품으로 자리 잡았다. 숭늉에 익숙한 사람들에게 주전자에 커피 가루와 물을 넣고 끓인 뒤 잔에 부어 마시는 커피는 무척 익숙한 맛으로 느껴졌다.

프롤로그

익숙한 맛의 커피는 언제나 친밀감의 표시였다. 한국 전쟁 시기 피란지 부산에서 달걀노른자를 띄운 모닝커피가 생겨나 유행하기 시작했다. 아침밥 먹을 겨를이 없는 사람들이 다방에 몰려들면서 생겨난 독특한 '아점' 메뉴였다. 휴전 후 가난했던 시절, "커피나 한잔할까요?"는 누구나 스스럼없이 하는 인사말이었다. 같이 식사를 하고 커피도 한잔하며 얘기를 나누자는 반가움의 표현이었다. 정을 나누는 데 커피는 더없이 좋은 매개체였다.

1960년대를 지나며 전기밥솥이 가마솥을 대신하면서 누룽지가 점점 사라졌다. 밥을 먹고 입가심으로 마시던 숭늉이 사라질 무렵 커피가 일상이 되는 세상이 됐다. 믹스커피가 나오고 커피 자판기가 대세가 되면서 입가심으로 마시던 숭늉 후식이 자연스레 커피로 넘어갔다. 숭늉 맛이나 커피 맛이나 거기서 거기라고 여겼기 때문이다. 1898년 유길준이 《서유견문西遊見聞》에서 "서양 사람들이 차와 커피를 우리네 숭늉 마시듯 한다"고 했는데, 60여 년이 지나 커피를 숭늉 마시듯 하는 세상이 도래했다. 한국인은 밥보다 커피를 많이 마시고, 전국의 카페 수가 10만 개를 돌파했으며, 우리만의 독특한 커피 문화를 만들어 낸 커피 공화국이 됐다.

이 책의 제목처럼 커피는 '이토록 역사적인 음료'가 됐다. 19세기 후반 천주교 신부와 선교사, 외교관, 상인을 통해 한국에 처음 들어와 일제 강점기와 한국 전쟁, 미군정과 산업화 시기를 거치면서 우리의 일상이 됐고 역사의 일부가 된 커피. 이제는 과거를 추억하고, 현재를 다독이고, 미래를 잇는 커피를 친구 삼아 또 다른 역사의 일부를 함께 써내려 가고 있다.

나는 이 책에서 고종의 커피와 일제 강점기 이후 문인들의 커피에서부터 인스턴트커피와 아이스 아메리카노에 이르기까지 한국인들의 일상에 깊이 파고든 140년 커피의 사회사를 담으려고 했다. 온통 커피 이야기뿐인 책을 읽다 보면 커피 한잔이 생각날지도 모른다. 이 책이 역사가 깃든 커피를 음미하며 잔향과 '감칠맛', '매끄러운 여운'을 찾으려는 이들에게 즐거움이 되기를 바란다.

이 책이 나오기까지 많은 분들의 도움을 받았다. 다방의 속 깊은 내막, 인스턴트커피와 믹스 커피에 깃든 애환 등 내가 미처 알 수 없는 호기심을 풀어 주며 커피로 소중한

인연을 맺은 분들께 머리 숙여 감사를 드린다.

또 부족한 글을 책으로 엮어 가치를 높여 준 틈새책방에 게도 머리 숙여 감사의 말씀을 드린다. 커피의 역사를 찾아다니고, 글이나 강의로 확장하는 시간은 더없이 즐거운 나날이었다. 커피 콘텐츠를 공부하며 편력한 방대한 감동을 책으로 엮으니, 커피처럼 깊고 풍부하고 미묘한 맛의 변화가 따뜻함으로 다가온다.

이 글을 쓰면서도 묵묵히 나를 지지해 준 커피 도반道伴 아내와 커피 한 잔을 마신다.

2024년 11월

진용선

# 차례

## PART III. '가난의 맛'에서 '위로의 맛'으로

## PART IV. 망국의 사치품이 낭만의 상징으로

## PART V. 한국 근대화가 낳은 발명품

## PART VI. 윤락의 도구에서 일상의 의식으로

# PART I.

## 신문물에서

## 망국의 상징으로

# 커피,
# 언제 우리나라에
# 들어왔을까?

천 년이 넘는 커피의 파란만장한 역사는 크게 두 가지로 설명된다. 첫째는 에티오피아 오로모족의 선조들이 최초로 커피 식물을 발견했고, 이후 주변 지역들에 전파되기 시작했다는 것이다. 다른 견해는 칼디Kaldi라는 염소지기가 850년경에 발견한 커피 식물이 점점 인기를 얻은 후 이슬람을 통해 전 세계로 전파됐다는 것이다.[1] 커피를 즐기는 이들이 늘어나면서 오스만 제국에서 1551년 최초의 커

---

1    니나 루팅거·그레고리 디컴, 이재경 옮김, 《THE COFFEE BOOK》, 사랑플러스, 2010, 22~23쪽.

피 하우스가 생겼고, 1645년 이탈리아 베네치아에서 유럽 최초의 커피 하우스가 문을 열었다.[2] 이후 커피는 유럽 전역에 소개됐고, 유럽이 전 세계로 세력을 넓히면서 커피도 자연스럽게 퍼졌다.

그렇다면 우리나라에서는 언제부터 커피를 마시기 시작했을까? 우리나라 커피 역사는 서양 선교사들이 이 땅에 들어온 1800년대부터 시작된 것으로 보인다. 1856년에 조선에 들어와 제4대 조선교구장이 된, 프랑스 출신의 베르뇌 시메옹Berneux Siméon 주교가 기록상 가장 먼저 조선에 커피를 들인 사람이라고 한다.[3] 하지만 이 커피를 천주교 신자들이 마셨다는 것은 추정일 뿐이다. 구체적인 기록이 남아 있지 않아서다. 커피에 관한 기록은 개항 이후에야 등장한다. 1876년 강화도 조약 이후 조선은 1882년에 미국·영국·독일에, 1884년에는 러시아에, 1886년에는 프랑스에 문호를 개방했다. 이들 서구 열강들은 1883년 미국을 시작으로 앞다퉈 정동 일대에 공사관을 마련했다. 이때 각국 공사관의 외교관

---

**2**    김준, 《커피》, 김영사, 2008, 25~26쪽.
**3**    〈가톨릭신문〉, 2021년 9월 5일.

커피, 이토록 역사적인 음료

이나 선교사, 상인의 생활 양식을 따라 들어오는 물목物目에 커피가 포함된 것으로 추측된다. 조선에 커피가 전해진 가장 오래되고 정확한 기록은 미국의 천문학자이자 작가인 퍼시벌 로웰Percival Lawrence Lowell, 1855~1916이 1888년에 펴낸《조선, 고요한 아침의 나라Chosŏn, the Land of the Morning Calm》다. 순조와 헌종을 거치며 기울어져 가는 구한말 조선의 정치와 풍속, 문화를 비롯해 당시 풍경이 꼼꼼히 기록된 두툼하면서도 장정의 무게감이 돋보이는 책이다.

퍼시벌 로웰이 조선의 '최신 유행품(the latest nouveauté)'인 커피를 대접받은 일화를 기록한《조선, 고요한 아침의 나라》.

커피, 언제 우리나라에 들어왔을까?

1882년 5월 제물포에서 체결된 조미수호통상조약으로 미국 공사 루시어스 푸트L. H. Foote가 조선에 파견되자 고종은 이에 대한 답례로 양국의 친선 도모를 위해 사절단인 보빙사報聘使를 파견했다. 보빙사 파견의 목적은 임오군란 이후 청의 간섭에서 벗어나 자주 독립국임을 공인받고, 근대화 추진을 위해 외교와 교육 등의 분야에서 미국의 고문관과 교관 등을 초빙하려는 것이었다. 1883년 7월 15일 전권대신全權大臣 민영익을 대표로 홍영식, 서광범, 유길준, 고영철, 변수, 무관 홍영택, 최경석, 통역을 맡은 중국인 우리탕吳禮堂 등 9명의 보빙사가 인천을 출발했다. 중간 기착지인 일본에서 퍼시벌 로웰과 그가 채용한 일본인 개인 비서가 합류하여 조미수호통상사절단으로 미국을 방문했다. 퍼시벌 로웰은 주일 미국 공사 빙햄John A. Bingham이 천거한 인물로 보빙사의 서기관 겸 고문이라는 관직으로 같은 해 11월까지 3개월 동안 이들의 공식 일정을 수행하고 안내하는 임무를 성공적으로 해냈다. 고종은 그해 12월 보빙사를 수행한 후 일본으로 귀환한 로웰을 초청해 국빈 대접을 했고, 이듬해 봄이 올 때까지 3개월 동안 극진하게 대했다.

1884년 1월 추위가 심한 어느 날, 퍼시벌 로웰은 경기도

1883년 서기관으로서 보빙사에 합류한 퍼시벌 로웰.
ⓒJames E. purdy

관찰사 김홍집의 초대로 저녁 식사를 한 후 한강변 언덕에 있는 누정樓亭으로 갔다. '슬리핑 웨이브즈Sleeping Waves'[4]라는 누대樓臺에 올라 당시 조선에서 처음 알려지기 시작한 커피를 마셨다. 그는 커피를 당시 조선의 "최신 문물the latest nouveauté"이라고 했다. 커피가 최신 상품이라고 언급한 것은 주변의 누군가가 조선에서 커피가 막 유행하기 시작한 것이라고 로웰에게 자랑삼아 귀띔한 것으로 보인다. 비록 일반 백성들 사이에서 유행한 것이 아니었지만, 커피는 조선 고위 관료들 사이에서 새롭고 흥미로운 음료였으며, 궁중뿐만 아니라 궁 밖에서도 낯선 음료가 아니었음이 분명하다.

이 무렵 조선의 최신 유행품인 커피는 문헌이나 신문 기사에도 등장한다. 퍼시벌 로웰의 책에는 'Coffee'라고 기록하고 있지만, 1884년 문관 민건호가 쓴 일기인《해은일록海隱日錄》에는 커피를 '갑비차甲斐茶'로 표기하고 있다. 또 1884년 3월 27일자 〈한성순보〉에는 커피를 음역어音

---

**4** 로웰이 지칭한 '슬리핑 웨이브즈'라는 이름을 가진 누각은 없다. 추측건대, 로웰은 물결처럼 굴곡진 기와 지붕을 '잠자는 물결'로 인식한 것으로 보인다.

커피, 이토록 역사적인 음료

譯語인 '가비咖啡'로 표기하고 있다. 당시 문헌을 살펴보면, 커피를 훈독이나 음독을 빌려와 표기하다 보니 한자 표기가 서로 다르게 나타났다. 1885년 윤치호는 자신의 하루를 기록한 일기에 '加菲가비', '加琲가배' 등으로 다르게 썼다. 외국 문물인 커피의 명칭을 한자 본래의 뜻과는 관계없이 소리 나는 대로 적다 보니 제각각인 것이다.

1880년대 〈한성순보〉를 비롯해 대부분의 신문과 기록에서도 咖啡·加非·加菲 가비 등으로 적었다. 1886년 〈한성주보〉에서는 '珈琲가배'로 표기됐다. 가배는 '머리꾸미개 가珈'와 '구슬꿰미 배琲'로, 새빨갛게 익은 커피 열매 모습이 여성의 머리 장식과 닮은 데서 따온 한자다. 서구의 커피가 메이지 천황 시절 일본에 전파되었을 때, '珈琲'라고 표기했는데, 일본 문물이 조선에 들어오면서 커피와 함께 '珈琲'라는 표기도 전파된 것으로 보인다. 1890년대 들어서는 표기가 '加非·茄菲·加菲·咖啡가비', '珈琲·加排가배' 등으로 다양해졌으나 일본인들은 대부분의 공문이나 문서에서 '珈琲'로 표기했다.

글깨나 쓰는 사람들은 커피가 처음 들어왔을 때 한자 음역어인 珈琲가배 혹은 咖啡가비라고 했지만, 서민들은 빛깔

커피, 언제 우리나라에 들어왔을까?

과 맛이 탕약과 비슷한데다 서양에서 들어온 탕국이라는 뜻으로 '양탕洋湯국'이라고 했다. 커피에 가까운 발음인 '카피'는 1898년 〈독립신문〉에서 '독다사건毒茶事件'을 보도하면서 처음 '카피차'라는 이름으로 등장했다. 양탕국이든 카피차든 커피는 분명 개항 이후 서양식 신문화의 상징임이 분명하다.

커피에 대한 관심과 기록은 1884년 이후부터 서서히 늘어나기 시작했다. 1885년 관료였던 윤치호는 "커피 한 잔을 마시고 서원으로 돌아왔다"[5]라고 일기에 기록했다. 퍼시벌 로웰의 표현처럼, 도포 차림에 한 손은 뒷짐을 지고 조선의 최신 유행품인 커피를 마시는 조선 관리의 모습을 그려 볼 수 있는 내용이다. 1883년 조미수호통상사절단으로 미국을 다녀온 유길준은 세월이 흘러 1898년 펴낸 《서유견문》에서 "서양 사람들은 차와 커피를 우리네 숭늉 마시듯 한다"라며 미국의 실상을 전하고 있다.[6] 그가 서양 음식을 접한 뒤 커피를 '茄非가비'라고 한자로 표기하면서 복

---

5    윤치호, 송병기 옮김, 《국역 윤치호 일기 1》, 연세대학교 대학출판문화원, 2001, 299쪽.

6    유길준, 허경진 옮김, 《서유견문》, 서해문집, 2004, 436쪽.

기한, 커피를 마시는 서구인의 문화는 숭늉을 늘 즐기는 조선 사람의 모습, 그것이었다.

조선에서 숭늉은 '대중적 음료'였다. 1916년 일본인 무라카미 유기츠村上唯吉는《조선인의 의식주》에서 "조선에서는 음료로 차를 마시는 경우는 없다. 인삼차는 상류 사람에 한하여 사용되며, 일반인은 숭늉과 물을 마신다"라고 했다. 밥을 할 때 솥에 달라붙은 누룽지에 물을 부어 끓인 숭늉은 살짝 탄 쓴맛과 구수한 향미를 지니고 있어 고려 초나 중엽부터 누구나 즐겼다. 밥을 다 먹은 뒤 후식으로 요란하게 입가심을 하는 것도 숭늉이다. "차와 커피를 우리네 숭늉 마시듯 한다"라는 유길준의 말은 개항 이후 조선에서 커피가 유행하지 않았다면 굳이 비교하며 언급하지 않았을 내용이다.

1884년부터 3년간 의료 선교사로 일했던 호러스 알렌 Horace Newton Allen, 1858~1932의 기록에도 "어의御醫로 궁중에 드나들 때 시종들로부터 차와 커피를 대접받았다"[7]라고 해, 궁중에서 이미 고관대작들이 커피를 마셨음을 알

---

7    *Things Korean*, Fleming H. Revell Company, 1908, 195쪽.

수 있다. 이밖에도 개항기 조선을 오간 서양인 선교사, 외교관, 사업가는 물론 여행객이 묘사한 기록 곳곳에서 이미 커피가 등장한다.

우리나라에 커피가 언제 처음 전해졌는지는 정확하게 알수 없다. 그러나 이 땅에 커피는 조선이 문호 개방을 하면서 갑비차, 갑비, 가비, 가배, 양탕국, 카피라는 낯선 이름으로 들어와 신문화의 상징으로 서서히 스며들기 시작했다.

커피, 이토록 역사적인 음료

# 망국의 상징,
# 고종의 커피

많은 사람들이 우리나라에서 커피를 처음 마신 사람이 고종이라고 알고 있다. 1896년 러시아 공사관으로 피란했을 때 커피를 대접받은 것 때문에 그가 처음 커피를 마신 것으로 알려졌다.

고종이 왕세자와 함께 머물던 경복궁을 떠나 러시아 공사관으로 피란한 것을 가리켜 '아관파천'이라고 한다. '아관俄館'은 러시아 공사관이고 '파천播遷'은 '임금이 도성을 버리고 다른 곳으로 피란하던 일'을 말한다. 사실 고종이 러시아 공사관으로 간 것은 거처를 옮긴 '이어移御'이지 도성을 버리고 지방으로 도망간 것이 아니기에 '아관망명'이

맞다고 할 수 있다. 파천이든 망명이든 고종의 길이 망국의 길이었음은 분명하다.

아관파천 직전에 조선에서는 일본군이 명성황후를 시해하는 을미사변이 일어났다. 정국은 일본이 주도하고 있었다. 곧바로 권력을 잡은 김홍집 내각이 무리하게 연호와 군제 개혁, 단발령 시행 등을 단행하자 백성들이 분노했고 뜸하던 의병 항쟁의 불길이 곳곳에서 타오르기 시작했다.

고종은 일본에 대항할 힘이 없었다. 말이 황제이지 고종은 사실상 경복궁에 감금된 상태와 마찬가지였다. 러시아 공사 베베르Karl Ivanovich Weber는 친일파를 견제하려는 고종의 의중을 파고들어 조정에 친러파가 뿌리내리게 했다. 친러 내각에는 이범진, 민영환, 윤치호, 이완용 등이 있었다. 이들은 고종이 국권을 세우기 위해서는 러시아의 힘을 빌려야 한다고 했다.

베베르 공사의 현란한 외교술과 친러 내각의 급부상에 놀란 일본은 친러 내각을 무너뜨리고 1895년 10월 황후를 처참하게 살해한 후 김홍집 친일 내각을 세운다. 친일 내각이 들어선 지 넉 달이 지난 1896년 2월, 베베르 공사는 이범진, 이완용 등 친러파를 동원해 고종과 세자를 정동의 러시아 공사관으로 도피시키는 계획을 세웠다. 베베르 공사는 인천에 정박한 러시아 수병과 포 1문을 서울로 이송했다. 일본 친위대가 의병 진압에 동원된 틈을 타 러시아 공사관으로 숨어드는 고종과 왕세자를 호위하기 위해서였다. 1896년 2월 11일 새벽, 해가 뜨기 전에 고종은 여장女裝을 하고 왕세자와 함께 상궁의 가마를 타고 영추문을 통과해 일본의 감시를 피해 러시아 공사관에 당도했다. 백척간두의 위치에 처한 나라의 국왕이라고 하기에는 한없이 초라한 모습이었다. 일본 낭인이 궁궐을 마음대로 휘젓고 다니며 황후까지 시해하는 극악무도함을 보고 겁에 질린 고종이 러시아 공사관으로 피신한 아관망명俄館亡命 길은 치욕의 길이었다.

러시아 공사관에 도착한 고종은 곧바로 내각 총리대신 김홍집을 파직하고 김병시 등 친러 세력을 그 자리에 임명했다. 친일 내각은 붕괴했으며 김홍집은 경복궁에서 체포되어 호송 중 광화문에서 피살됐다. 조선 정국의 주도권은 다시 러시아로 기울어졌다.

러시아 공사관에서 고종은 커피와 가까워졌다. 을미사변 당시 황후가 일본 낭인에 의해 살해당했다는 사실에 울

러시아 공사관 현관에 선 고종(왼쪽), 세자 순종(가운데), 베베르 공사(오른쪽).
ⓒ동북아역사재단

분과 분노가 가시지 않은 고종에게 초대 조선 주재 베베르 공사의 처형이자 독일계 프랑스인인 앙투아네트 손탁 Antoinette Sontag 여사는 매일 커피를 대접했다. 러시아 공사관에 머무는 동안 고종과 왕세자에게 제공하는 모든 음식은 손탁이 담당했다.

고종은 러시아 공사관에서 아무런 대가 없이 머물지는 않았다. 고종이 러시아 공사관에 머무는 1년 동안 친러파 내각이 수립되면서 러시아의 영향력이 막강해졌다. 정부 각 기관마다 러시아인이 고문이 되어 자리를 꿰차고 앉았으며, 군사 교관으로 들어오기까지 했다. 조선의 각종 이권이 러시아로 넘어갔다. 러시아는 먼저 압록강과 울릉도의 산림 벌채권과 함경도 경원과 종성의 광산 채굴권을 챙겼다. 압록강과 울릉도 일대 200만 에이커에 이르는 산림 벌채권을 통째로 넘겨준 것이었다. 산림 벌채를 빌미로 러시아는 압록강 조중 국경선과 일본과 가까운 울릉도에 군사 기지를 구축했다.

압록강 일대 벌채에는 배고픔에 허덕이는 조선인들이 동원됐다. 조선인 노동자들의 몸에 밧줄을 걸어 벌목한 목재를 옮기게 한 사람은 스위스계 러시아인 목상인 율리우스 브리너였다. 영화〈왕과 나〉의 주인공인 배우 율 브리너1920~1985의 할아버지다. 율리우스 브리너는 러일 전쟁이 터지기 전까지 조선인을 노예처럼 가혹하게 다뤘다.

나라의 이권을 넘기고 백성들이 노예처럼 고통받는 처지에 국왕이 다른 나라의 공사관에서 기거하는 현실은 누가 봐도 한심한 일이 아닐 수 없다. 커피가 목에 넘어갔을지 모르지만, 이 때문에 고종이 우리나라 사람으로는 처음 커피를 마신 것이 통설처럼 됐다.

그러나 고종이 커피 애호가이긴 해도 처음 커피를 마시지는 않았다. 이보다 앞선 1860년철종 11년 3월 6일 조선 천주교회 교구장이던 프랑스인 시메옹프랑수아 베르뇌 1814~1866 주교가 홍콩에 있던 파리외방전교회 극동대표부의 리부아 신부에게 보낸 편지를 보면, 이듬해 조선에 들어올 선교사 편에 커피 40리브르를 보내 달라는 내용이 나온다. '리브르livre'는 약 0.5킬로그램에 해당하는 단위로 40리브르는 원두 20킬로그램 정도다. 여러 명의 신부가 나누었다고 해도 혼자 소비하기엔 너무 많은 양이다. 프랑스 신부는 조선인 신자와 당연히 커피를 나눠 마셨을 것

커피, 이토록 역사적인 음료

이다.[1] 프랑스 신부의 요청대로 1861년 커피가 제대로 들어왔다고 하면 지금까지 기록으로는 우리나라에 들어온 최초의 커피가 된다.

공식 기록으로는 1884년 조선 관료가 미국의 천문학자 퍼시벌 로웰에게 커피를 대접했다는 흔적이 있다. 또 1884년부터 조선에 체류하며 고종의 최측근으로 주한 미국 공사관의 전권 공사全權公使를 역임한 선교사 호러스 알렌이 궁중에서 차와 커피를 대접받았다는 기록을 보면, 이미 커피가 궁중 음료의 하나였음을 짐작할 수 있다

고종은 이미 러시아 공사관으로 피신하기 전에 커피나 홍차를 접했을 가능성이 높다. 고종이 마신 커피는 커피 가루와 각설탕을 잔에 넣고 뜨거운 물을 부어 수저로 저은 뒤에 가루가 가라앉으면 마시는 식이었을 것이다. 그게 아니면 커피포트에 커피 알갱이와 물을 넣고 끓인 뒤 잔에 부어 마시는 커피일 수도 있다.

조선에서 커피를 가장 먼저 마신 사람이 고종이라는 설

---

1 '고종이 첫 커피 마니아? 그것조차 사실이 아니었다', 〈조선일보〉, 2024년 6월 14일자.

망국의 상징, 고종의 커피

은 개항 이후 커피가 유입될 때 그가 조선을 대표하는 인물이었기 때문일 것이다. 고종은 1년 동안 러시아 공사관에 머물며 기울어 가는 정국의 주도권을 되찾기 위해 고심했을 것이다. 참으로 답답한 얘기이긴 하지만, 신문물인 쓰디 쓴 커피를 마시면서도 격변기를 헤쳐 나갈 아이디어를 내놓지 못한 채 우유부단했다. 그가 커피를 마시지 않았다고 해도 국운이 바뀌지는 않았을 것이다. 고종은 열한 살이라는 어린 나이에 왕이 되어 무려 44년이라는 기간 동안 왕위를 차지했다. 518년에 이르는 조선 왕조의 왕들 가운데 영조, 숙종에 이어 세 번째로 오래 집권한 왕이다. 하지만 슬프게도 그의 안중에 국가의 안위와 백성의 행복은 없었다.

1894년부터 네 차례, 11개월에 걸쳐 조선을 방문해 답사한 이사벨라 버드 비숍Isabella Bird Bishop, 1831~1904은 그의 저서 《조선과 그 이웃 나라들Korea and her neighbours》에서 고종 치하의 조선을 "약탈자와 피약탈자라는 단 두 계급으로 구성된 희망이 없는 나라"라고 했다. 비록 후일 국경 너머 연해주에서 그의 견해를 수정할 만큼 번창하는 부농이 되고, 근면하고 훌륭하게 살아가는 조선인을 발견했지만, 고종은 평생을 현실감 없는 착각 속에 살며 자신의 특권만을 챙기는 데 몰두해 백성을 궁지로 내몰아 유랑의 길을 떠나게 한 것이다.

고종은 러시아 공사관에서 돌아온 후인 1902년, 자신의 즉위 40년을 축하하는 기념비인 '고종 어극 40년 칭경기념비高宗御極四十年稱慶紀念碑'를 육조거리 동편에 세웠다. 미국 대사관에서 교보문고를 지나 종로로 꺾이는 광화문 사거리 모퉁이에 있는 기념비각이다. 1897년 국호를 대한제국大韓帝國으로 고치고 황제의 칭호를 사용한 것을 경축하는 뜻의 칭경비稱慶碑는 당시 돈으로 100만 원이 들었다. 그해 국가 예산이 800여만 원이었으니 예산의 8분의 1이 경사를 치르는 비용으로 사용된 셈이다.[2] 관료 집단의 부패와 무능, 나랏돈을 축내고 뇌물을 받는 일 외에는 할 수 있는 일이 없는 우둔한 통치가 조선을 망해 가게 한다는 비숍의 통찰이 틀리지 않았다.

아관망명 이후 고종은 방 안에 은둔해 있는 시간이 많았으며, 이때 커피와 좀 더 가까워진 것 같다.

---

2  '고종의 길, 망국의 길', 〈서울신문〉, 2022년 2월 24일자.

영화 〈가비〉를 보면 고종이 커피를 마시며 '근대화와 자주 독립의 의지'를 불태운다는 내용이 등장한다. 미화를 하다 보면 자주 범하는 오류가 자기 연민과 사실 호도라고 할 수 있다. 고종이 우리나라에서 일찍 커피를 즐긴 애호가임은 틀림없다. 그러나 최초의 커피 애호가는 아니다. 고종이 마시는 커피는 '근대화를 향한 의지'가 아니라 정반대의 길에서 장구한 조선 왕조의 망국을 재촉한 상징처럼 다가온다.

# 고종이 정관헌에서
## 커피를 마셨다는 오해

1896년 2월 11일부터 러시아 공사관에 머물던 고종은 이듬해 경복궁景福宮이 아니라 경운궁慶運宮, 현재 덕수궁으로 돌아왔다. 아관파천 이후 고종이 환궁하기로 결정하기까지의 과정을 눈여겨보면 나아갈 방향을 잃은 구한말 조선의 모습이 낱낱이 드러난다.

1896년 4월 7일 한글 신문인 〈독립신문〉을 창간하고 사장과 주필을 겸한 서재필은 러시아 공사관에서 고종을 알현해 환궁을 권유했다. 고종이 피신한 지 두 달 남짓한 때였다. 국왕이 외국 공사관의 보호 아래 있는데다 외국 공사관에 설치된 내각이 국무를 처리한다는 것은 독립 국가로서 수치스러운 일이 아닐 수 없다고 여겼기 때문이다. 계속되는 열강의 이권 침탈 속에서 다른 나라 공관에 머물지 말고 독립 국가로서의 주권을 수호하자는 호소와 같았다. 고종은 일본 세력이 두렵다며 즉각 환궁을 거부했다. 친러파 대신들은 환궁을 권하는 서재필을 역적이라며 공격했다. 신문만으로는 자유주의와 민주주의 등 개혁 사상을 보급하는 데 한계가 있다고 여긴 서재필은 1896년 7월 2일 정동구락부를 중심으로 한 친구미파親歐美派 인사들의 지지 아래 정치 단체인 독립협회를 조직했다.[1] 안경수를 회장 겸 회계장會計長으로 이완용, 김가진, 김종한, 권재형, 민상호, 이채연, 현흥택, 이상재, 이근호 등이 이름을 올렸다. 미국 국적인 서재필은 고문이 되어 독립협회를 이끌었다. 독립협회가 창립되면서 〈독립신문〉은 자연스럽게 독립협회를 대변하는 기관지가 됐다.[2]

독립협회는 '조선인을 위한 조선을 만들자'라는 강령 아래 빠르게 지지층을 넓혀 갔다. 결성된 지 석 달 만에 회원

---

1    《한국사 18 근대-독립협회의 활동》, 국사편찬위원회, 1981, 149~150쪽.
2    위의 책, 159쪽.

수가 만 명에 이르렀다. 독립협회는 독립 국가로서의 주권을 수호하자며 첫 사업으로 중국 사신을 영접하던 모화관慕華館의 정문인 영은문迎恩門 자리에 독립문獨立門을 세우는 일을 시작했다. 명칭에서도 알 수 있듯 '중국 황제의 은혜를 영접하는 문'이라는 '영은문'과 '중국을 사모하는 곳'이라는 '모화관'은 조선이 중국의 속방屬邦이었다는 치욕의 상징과도 같은 곳이었다.

영은문과 모화관 자리에 독립문과 독립관을 세운다는 것은 조선이 노예의 굴레를 벗어버리고 완전한 자주 독립국임을 알리겠다는 의지의 표현이었다.[3] 다른 한편으로는 러시아 공사관에 머문 고종에게 궁궐로 돌아가 조선이 자주 독립국임을 떳떳하게 표명하라는 호소이기도 했다. 종묘사직을 이어 가야 할 한 나라의 국왕이 자국 영토 내에서 주권을 행사하지 못하고 외국 공사관에 피신해 망명 정부를 꾸리고 있는 모양새 자체가 수치가 아닐 수 없었다.

고종이 러시아 공사관에 머무는 기간이 길어지면서 러시아의 내정 간섭이 심해졌다. 삼림 벌목권, 광물 채굴권,

---

**3**    김도태, 《서재필 박사 자서전》, 수선사, 1948, 201~202쪽.

현재 서대문역 인근에 위치한 독립문.

철도 부설권 등 중요한 이권도 하나둘씩 열강의 손에 넘어가고 있었다. 안팎에서는 점차 비난의 목소리가 높아져 갔다. 아관파천을 주도한 이범진을 주축으로 한 친러파와 러시아어 통역관 김홍륙 등이 권력을 독점하면서 이권을 챙긴다는 비난이 쏟아졌다.

고종의 환궁을 요구하는 움직임이 거세게 일기 시작했다. 1897년 2월 8일에는 전국에서 올라온 유생들이 정동에 모여 국왕의 위신과 체통이라는 명분을 앞세워 국왕의 환궁을 요청하는 상소를 올렸다. 내각 대신들은 물론 백성들도 고종의 환궁을 주장하고 나섰다. 고종이 러시아 공사관으로 망명하면서 심각한 타격을 입은 일본도 러시아 공사관 앞에서 고종의 환궁을 요구하는 시위를 벌였다.

고종은 쉽사리 환궁 결심을 내리지 못했다. 특유의 나약함 때문이기도 했지만 도처에 도사리고 있던 신변 위협 때문이었다. 환궁을 주장하는 여론이 날이 갈수록 높아지자 고종은 과감한 결단을 내려야 했다. 결국 고종은 1896년 8월부터 대대적인 수리에 들어간 경운궁의 수리가 끝나는 시점에 맞춰 환궁하겠다고 약속했다. 조선 왕조의 법궁法

宮인 경복궁이 아니라 러시아와 미국, 영국 등 외국 공사관이 몰려 있어 비교적 안전하다고 여긴 경운궁으로 환궁하기로 결정한 것이다.

경운궁의 수리가 9월에 마무리됐는데도 고종은 머뭇거렸다. 자신의 신변 안전이 불안했던 고종은 러시아 군사 교관의 파견으로 궁궐 경비 체계가 갖추어지자 이듬해 2월 20일 호위병에 둘러싸여 환궁했다.

임진왜란 이후 200여 년 동안 거의 비워 놓은 경운궁에는 즉조당과 석어당만 갖춰져 있었을 뿐 궁궐로서의 위상은 찾아볼 수 없었다. 경운궁으로 돌아온 고종은 함녕전咸寧殿, 선원전璿源殿을 새로 짓고 경복궁의 만화당萬和堂을 경운궁으로 옮기게 했다. 경운궁에 새 문을 내고 '대안문大安門'이라는 현판을 다는 등 정비를 계속했다. 열강의 탐욕은 더해 가고, 나라가 도탄에 빠져 두만강과 압록강을 건너 간도 땅으로 도망가는 백성들이 늘어났지만, 고종에게는 중요하지 않았다.

고종은 1897년 8월 국호를 '대한大韓'으로 선포하고, 연호를 '외세의 간섭에서 벗어나 힘을 기르고 나라를 빛내자'는 뜻의 '광무光武'로 정했다. 그리고 9월 황제 즉위식을 거행할 원구단 축조 공사를 행한 후 이곳에서 대한제국의 황제로 즉위했다. 황제로 즉위한 그는 경운궁 확장 사업을 본격화했다. 경운궁이 대한제국의 중심 공간이 됐어도 황궁으로의 면모를 갖추기에는 많이 부족했기 때문에 궁궐을 중건해야 한다고 하며 경운궁에 강한 애착을 보였다. 현실 감각이 없어서인지 예산 부족 따위에는 관심도 없었다.

고종은 덕수궁 안에 서양식 건축 양식에 전통적 장식이 절충된 건물을 짓게 했다. 이때 지은 건물이 전통식 지붕에 중세 유럽 전역에 발달했던 로마네스크 양식의 기둥이 접목된 정관헌靜觀軒이다. '정관靜觀'이라는 이름처럼 '조용히 바라보는 곳'을 뜻하는 누정이다.

정관헌은 참으로 독특한 이국적인 건물로 처음에는 마치 동남아시아나 중앙아시아에 온 것 같은 착각을 일으킨다. 덕수궁을 비롯해 탁 트인 전망이 한눈에 들어오는 곳으로 그림 같은 전망을 고요하게 내려다볼 수 있는 곳이다. 정관헌은 이곳에 머문 이에게 마음의 안정을 찾을 수 있는 안식처와 같은 곳이다. 이곳에 조용히 앉아 고종이 나라 걱정을 조금이라도 하며 삼매경에 빠져들었다면 얼

고종이 정관헌에서 커피를 마셨다는 오해

이국적 매력을 품고 있는 정관헌. 고종의 커피 타임 장소로 소개될 만도 하다.
ⒸGetty Images

마나 좋았을까.

정관헌을 바깥쪽에서 바라보면 정면 7칸, 측면 5칸이다. 외부는 코린트 양식의 옥색 목재 기둥으로 되어 있어서 화려하고 이국적인 모습이다. 옥색 기둥 사이에 나지막한 테라스 난간이 있고 안쪽으로 붉은 벽돌과 회색 벽돌이 서로 교차하며 벽면을 장식하고 있다. 돌계단을 올라가 바라보는 정면에는 로마네스크 양식의 인조석 회색 기둥이 견고하게 받치고 있다. 회색 기둥 사이로 펼쳐진 안쪽에는 커튼이 넓게 드리워져 있다. 순간 커튼이 양옆으로 스르르 펼쳐지면서 공연이 막 시작될 듯한 분위기를 자아낸다. 그 앞으로 중후한 탁자와 의자가 가지런히 놓여 있으니 외빈을 맞아 연회를 열거나 고종의 커피 타임 장소로 소개될 만도 하다. 정면 풍경에 심취하다가 고개를 좌우로 돌리면 옥색 기둥과 붉은 벽돌 사이에 나지막한 난간이 있고, 그 사이의 황금색 문양으로 바깥 풍경이 스며든다. 양옆으로 보이는 풍경은 화려하고 이국적인 매력을 느끼게 한다. 정면에서 보는 멋과 측면에서 보는 느낌이 사뭇 다르다.

정관헌은 자세히 살펴볼수록 한국적인 아름다움이 한껏 드러난다. 바깥 기둥에 있는 대한제국을 상징하는 오얏꽃

문양이 그렇고, 장수를 장식하는 사슴과 소나무, 복을 상징하는 박쥐, 황제를 상징하는 용 등 전통적인 문양을 가미한 서양식 테라스가 그렇다. 알맞게 조절하여 서로 잘 어울리게 하는 것을 절충이라고 한다면, 이 건물을 왜 '한양 절충식 건물'이라고 하는지 이해할 수 있다.

정관헌은 아직까지 누가 설계하고 언제 준공됐는지를 정확하게 알려 주는 기록이 발견되지 않았다. 최근 여러 문헌에는 1900년경 석조전 건축에 참여한 러시아 건축가인 사바틴Sabatine이 설계했다고 하나 명확하지 않다. 정관헌이 1901년 2월 5일자《고종실록》에 처음 등장하는 것을 근거로 1900년경에 준공된 것으로 추정하기도 한다.

아무튼 제법 분위기가 있는 곳인데다 기록이 없다 보니 건물의 쓰임새에 대해서도 추측이 많다. 외빈을 맞이하여 연회를 열었던 장소라고도 하고, 고종의 서재였다고도 한다. 그런데 문헌으로만 보면 정관헌은 건립 당시 태조 이성계의 초상화어진를 모신 곳이 맞다.《고종실록》에는 1901년 태조의 어진을 정관헌에 모시라는 고종의 명이 있었다는 기록이 있다. 그 후 고종과 순종의 어진도 이곳에 모셨다는 기록도 있다. 지금 정관헌의 모습은 그때의 모습

현재 정관헌의 모습은 일제 강점기인 1933년에 덕수궁을 공원화하면서 변한 모습이다.
ⓒGetty Images

이 아니라 일제 강점기인 1933년 덕수궁을 공원화하면서 변한 것이다. 그런데도 시원스럽게 트여 있는 분위기 때문에 고종이 관료나 외교 사절과 커피를 즐기며 이야기를 나누는 공간이라는 설이 마치 사실인 것처럼 굳어졌다. 커피를 좋아하는 고종이 이런 곳에서 커피를 마다했을 리는 없을 것이고, 훗날 그곳에서 고종이 커피를 즐기며 휴식을 취했다는 상상에 무게감이 더 실린 것이다.

지금도 여전히 커피에 관한 책이나 뉴스 등을 보면 정관헌을 고종이 커피를 마시던 곳이라고 이야기하는 이들이 많다. 이는 고종이 커피를 즐겼고, 각국의 공사와 영사, 외교 고문 등이 그를 알현하기 위해 궁으로 찾아왔다는 사실을 만인이 알기 때문이다. 얼마 전까지도 정관헌 안내 표지판에는 정관헌을 커피와 관련된 곳이라고 소개했다. 이 때문인지 2009년부터 2019년까지 스타벅스 코리아의 후원으로 열린 덕수궁 고궁 문화 행사인 '정관헌에서 명사와 함께' 프로그램에서는 참가자들에게 무료로 커피를 제공하기도 했다.

정관헌은 구한말 혼란스러운 시기에 고종이 '외세의 간섭에서 벗어나 힘을 기르고 나라를 빛내자'는 광무의 새

시대의 모습을 그린 곳일까. 재미있는 사실은 고종이 이곳에서 커피를 즐겼다는 기록이 어디에도 없는데도 많은 사람들은 여전히 그렇게 생각한다는 것이다. 정관헌에서 커피의 매혹적인 향기를 떠올리는 것은 즐거운 일이다. 그만큼 정관헌은 이름이 주는 운치와 분위기가 커피를 자연스럽게 떠올릴 정도로 어색하지 않기 때문이다.

# 고종 황제
# 커피 독살 미스터리

고종 황제 암살설을 둘러싼 이야기를 커피라는 소재로 풀어낸 〈가비〉라는 영화가 있다. 김탁환 작가가 역사적 사실을 엮어 2009년 여름에 펴낸 장편 소설 《노서아 가비》를 원작으로 2012년에 개봉한 영화다.

영화 〈가비〉는 고종이 러시아 공사관으로 피신한 혼돈의 시기를 배경으로 전개된다. 고종 역을 맡은 박희순을 중심으로 주진모(일리치), 유선(사다코)이 노서아 가비, 즉 러시아 커피를 만드는 여자 따냐(김소연)를 둘러싸고 펼치는 사랑과 음모, 미스터리를 다루고 있다.

영화의 처음은 클래식 선율이 흐르는 가운데 러시아 공

영화 〈가비〉 포스터.

사관에서 조용히 커피를 나르는 따냐와 이 커피를 마시려는 고종의 모습이 보이며 시작된다. 고종 황제라는 역사적 인물 앞에 놓인 커피와 무거운 침묵은 위태로워 보이는 조선을 암시한다.

러시아를 떠나기 전까지 따냐가 늘 끼고 살던 것은 러시아 커피, 이른바 '노서아 가비'였다. 러시아 대륙에서 커피와 금괴를 훔치다 러시아군에게 쫓기게 된 따냐와 일리치는 일본군에게 생포된다. 일본군의 실세인 사다코는 따냐에게 고종을 커피로 독살하려는 가비 작전에 일리치와 함께할 것을 강요한다. 마침 민영환의 눈에 들어 러시아 대사관에서 보조 바리스타로 일하게 된 따냐는 고종의 일거수일투족을 보고하며 가비로 독살할 때를 기다린다.

그러나 고종을 커피로 독살하려는 '가비 거사'는 쉽지 않았다. 따냐가 본 고종은 의심이 많았다. 명성황후가 잔인하게 시해당한 탓에 자신도 언제 죽을지 모른다는 두려움에 계란과 통조림에 든 음식만 먹으며 버틸 정도였다. 고종은 러시아 사람들에게 아무것도 전하지 않았다고 자백한 따냐를 신임하게 된다. 더구나 따냐가 자신의 말을 통역하던 역관의 딸이란 사실을 알게 되면서 의심하지 않고 따냐를 궁녀로 일하게 한다.

따냐는 사다코에서 벗어나 고종의 편에 선 이중 스파이가 된다. 이를 눈치채지 못한 사다코는 러시아와 일본, 조선의 만찬 날짜가 잡히자 고종의 커피에 고농도 아편을 타라고 따냐에게 지시한다. 그러나 따냐는 사다코의 명령을 따르지 않는다. 고종을 독살하려는 가비 작전은 따냐가 고종의 커피에 아편을 타지 않으면서 실패로 끝나고 만다.

커피가 이 땅에 처음 들어오면서 고종의 곁에서 커피를 내렸던 조선 최초의 바리스타가 일본의 사주로 왕을 독살하기 위한 음모에 가담했다는 가설이 흥미롭다.

영화에서는 가비의 치명적인 장점으로 쓴맛을 들었다. "나는 가비의 쓴맛이 좋다. 왕이 되고부터 무얼 먹어도 쓴맛이 났다. 헌데 가비의 쓴맛은 오히려 달게 느껴지는구나"라는 고종의 대사도 한 잔의 커피로 늘 자신의 삶을 위로받았다는 것을 말해 준다. 쓴맛이 강한 커피는 고종에게 치명적이었다.

커피에 독을 타 고종을 암살하려 했다는 고종 독살설은 실제로 있었다. 1898년 고종과 황태자가 커피 때문에 목숨을 잃을 뻔한 '독다사건毒茶事件'이다. 러시아 공사관에서 경운궁으로 돌아온 고종은 부패와 혼란스런 정국을 바로 잡고자 했다. 고종이 러시아 공사관에 머물 때 통역을 담당한 김홍륙이 고종의 총애를 등에 업고 온갖 이권에 개입한 사건이 발생했다. 거금을 착복한 김홍륙은 흑산도로 유배를 당하게 되자 앙심을 품고 친분이 있는 공홍식에게 한 냥의 아편을 주면서 어선(御膳)[1]에 섞어서 올릴 것을 은밀히 사주했다. 공홍식은 다시 서양 요리를 만들어 올리던 궁중 요리사 김종화에게 이를 거행하면 1,000원(元)의 은을 주겠다고 했다. 그는 즉시 다량의 아편을 소매 안쪽에 감추고 주방에 들어가 고종이 마시는 커피 주전자에 넣었다.[2] 고종이 워낙 쓴맛의 커피를 좋아했기에 다량의 아편을 커피에 넣으면 치명적이고, 알아차리지 못할 것으로 보았다.

9월 12일 고종 황제와 황태자가 저녁 식사를 마친 후 후식으로 커피가 올려졌다. 그러나 커피의 고유한 맛까지 감별할 만큼 애호가였던 수준의 고종은 평소와는 다른 커피

---

[1]  각 도에서 왕실에 올린 생선을 지칭하는데, 생선을 재료로 하여 만든 반찬을 의미할 때도 있다.

[2]  《고종실록》 38권, 고종 35년(1898년) 9월 12일 양력 2번째 기사.

Séoul (Corée)

23. — Kim-Ong-Niouck, Grand Maréchal de la Noblesse, puis tombé en disgrâce, fut accusé d'avoir
voulu empoisonné l'Empereur, fut pendu, on le traîna dans les rues, arrivé sur la
place de Thong-No, on lui ouvrit le ventre, et les assistants mangèrent le foie « encore chaud.

구한말 프랑스와 대한제국 사이에서 중간자 역할을 했던 샤를 알레베크가 만든 엽서에
등장한 김홍륙. 왼쪽에서 두 번째 인물이다.

맛에 한 모금만 마셔 화를 면했지만 커피 맛을 잘 모르는 황태자는 아편을 넣은 것도 모른 채 벌컥 들이키고 말았다. 태어날 때부터 약골이던 황태자는 구토를 하다가 인사불성이 됐으며, 며칠 동안 혈변을 반복했다. 다행히 겨우 목숨은 건졌으나 치아 대부분이 빠져 틀니를 끼고 사는 후유증에 시달렸다. 장안에선 황태자가 바보가 됐다는 소문이 돌았다. '독다사건'이라고 기록된 고종과 순종 암살 미수 사건으로 왕실의 신뢰는 크게 무너졌다. 그리고 〈독립신문〉이 이 사건을 '커피차' 때문이라고 보도하면서 '가배'라는 음료가 백성들에게까지 알려지게 됐다.

　김홍륙을 비롯해 사건에 연루된 공홍식, 김종화는 교수형에 처해졌다. 이 사건으로 고종은 아무도 믿지 못하게 됐다. 최익현은 "외국에서 오는 음식은 비록 산해진미라 하더라도 일절 먹지 말 것"을 청하는 내용이 들어간 '시무책 12조'를 올렸다. 고종이 매일 마시는 커피를 두고 한 말이다. 음식은 물론 커피 한 잔조차 마음 놓고 마실 수 없게 된 고종의 모습이 느껴지는 대목이다. 그런 망국 군주의 고독과 비애를 영화 〈가비〉 속에서 읽을 수 있다.

　고종은 68세인 1919년 덕수궁 함녕전에서 갑작스레

1919년 1월 2일 고종의 모습.

ⓒGetty Images

숨을 거두게 된다. 하루 전인 《순종실록》 12년, 그러니까 1919년 1월 20일자에는 "(순종이) 종척宗戚과 귀족 등을 불러 만났다. 태왕 전하의 병세가 깊기 때문에 병문안 하도록 한 것이다. 또 자작 이기용과 이완용에게 별도로 들어와 숙직하도록 명했다"라고 적혀 있다. 모두 일제가 작성한 기록이다.

고종에게는 건강상 별다른 문제가 없었다. 게다가 매국의 대가로 자작 칭호를 받은 친일 매국노 이완용과 이기용이 지켜보는 가운데 생을 마감했다 하니 사람들은 일제의 사주를 받은 친일파 관료들을 의심했다. 조선 총독부는 고종이 사망한 지 일주일이나 지난 1월 27일이 돼서야 "이태왕이 돌아가셨으므로 오늘부터 3일간 가무음곡을 중지한다"는 내용의 칙령 제9호를 냈다. 1898년 고종의 커피 속에 독을 탔던 김홍륙처럼, 일제의 사주를 받은 또 다른 누군가에게 독살됐다는 소문은 이미 사망 당시에도 파다했다. 오늘날까지 고종의 '커피 독살' 음모론이 꾸준히 입방아에 오르내리는 이유도 이 때문이다.

# 대불호텔 레스토랑,
# 조선 커피 1호점?

우리나라에서 최초로 문을 연 서양식 호텔은 대불大佛호텔이다. 일본식 발음으로는 다이부츠 호테루大仏ホテル, Daibutsu Hotel다. 인천에서는 우리나라 최초로 디저트 커피를 제공한 곳, 조선 커피 1호점이 대불호텔이라고 주장한다.

커피 산업이 팽창하면서 커피와 관련이 있는 지방 자치 단체는 역사적 명소와 자산을 활용해 커피 도시 주도권을 잡기 위해 애쓰고 있다. 인천도 마찬가지다. 1978년 7월 철거되어 역사 속으로 사라진 대불호텔을 복원하면서 커피를 끄집어냈다. 2021년 한 문화 단체가 '대불호텔'을 모티브로 한 국악극 〈조선 커피 1호점: 그때, 그 시절 우리…〉를 선보였는가 하면, 인천중구문화재단은 2022년 겨울 대불호텔이 우리나라 최초로 커피를 제공한 역사적 장소라며 대불호텔 이야기를 중심으로 개항 커피 시연·시음회를 개최하기도 했다.

대불호텔이 정말 조선 커피 1호점이 있던 곳일까? '조용한 아침의 나라' 조선의 빗장이 어렵게 풀린 그때로 돌아가 보자.

19세기 중반 새로운 세계에 문을 여는 개방은 시대의 요구였으나 조선 정부가 먼저 스스로 열지는 못했다. 1876년 강화도 조약 이후 조선은 미국·영국·일본·독일·러시아·프랑스 등에 잇따라 문호를 개방했다. 1875년 일본 군함 운요호雲揚号가 강화도에서 조선군과 교전을 주고받은 사건 때문에 맺은 불평등 조약으로 강압에 밀린 개항이었다.

강화도 조약에 따라 원산과 부산에 이어 1883년 세 번째로 개항한 제물포에는 변화의 바람이 거세게 불어왔다. 제물포항은 조선의 수도인 한성과 가까운 항구였던 만큼 많은 외국인들이 들어오는 관문이었다. 조용한 아침의 나라의 문을 두드리기 위해 온 외교관, 시장을 개척하러 온 상인, 기독교를 전파하러 온 선교사, 이국적인 풍경을 담기 위해 온 기자와 여행자가 몰려들었다. 조용하고 평화롭기 그지없는 포구가 격랑처럼 덮쳐 온 침탈에 억지로 문을 열어야 했다. 거대한 상선이 들어오고 외국인이 활보하는 번잡한 거리로 변한 건 그야말로 순식간이었다. 항구로 오가던 한적했던 길목 곳곳에는 상점과 숙박 시설이 생겨나기 시작했다.

제물포에 내린 외국인들은 난감하고 불편했다. 도착한 바로 그날 목적지인 한성까지 가는 건 불가능했기 때문에 인천에서 하루를 묵어야 했다. 1899년 9월 18일 경인선京仁線 철도가 놓이기 전까지 인천에서 한성까지 우마차를 타고 육로로 갈 때는 꼬박 하룻낮이 걸렸다. 인천에서 매일 한 번씩 한강을 왕복으로 오르내리는 순명호·경운호·경리호·용산호·한양호 등의 배를 타고 용산이나 마포까지 가려면 8시간이 걸렸다.[1]

배를 타지 못한 외국인들은 당장 인천에서 하룻밤을 묵어야 했지만 숙박 시설은 턱없이 부족했다. 작은 숙소가

---

1    사쿠라이 군노스케, 한상일 옮김, 〈조선시사(朝鮮時事)〉, 《서울에 남겨둔 꿈》, 건국대학교출판부, 1993년, 289쪽.

61

대불호텔 레스토랑, 조선 커피 1호점?

있었지만 주거 공간이 비위생적이고 음식도 입에 맞지 않았다. 숙박료도 2원 정도로 1박에 75전에서 1원 내외인 한성의 일본식 여관에 비해 턱없이 비쌌다. 외국인의 첫눈에 비친 제물포는 모든 것이 불편하고 힘든 곳이었다. 이런 사정을 알아차린 일본인 무역상이자 해운업자인 호리 히사타로堀久太郞와 그의 아들 호리 리쿠타로掘力太郞는 1887년 제물포항 안쪽에 호텔을 짓기 시작해 1888년에 문을 열었다. 호텔 이름도 주인인 호리 리쿠타로의 풍채가 불상처럼 크다고 해서 다이부츠大佛라고 했다.

그런데 1888년 개장한 대불호텔이 우리나라 최초의 서양식 호텔은 아닌 듯하다. 새 건물 바로 옆에 2층 규모의 '일본식 목조 가옥'에 이미 대불호텔이란 이름을 달고 영업을 한 것으로 보이기 때문이다. 이같은 사실은 1885년 4월 5일 제물포항에 도착한 미국 감리회 선교사 헨리 거하드 아펜젤러Henry Gerhard Appenzeller, 1858~1902의 비망록에 기록돼 있다. "끝없이 떠들고 소리치는 일본인, 중국인과 한국인들 한가운데에 짐들이 옮겨져 있었다. 대불호텔로 향했다. 놀랍게도 호텔에서는 일본어가 아닌 영어로 손님을 편하게 모시고 있었다." 아펜젤러가 조선에 온 1885년에 이미 일본식 목조 건물의 대불호텔이 있었음을 알 수 있는 내용이다. 정리하자면, 벽돌로 지은 3층짜리 대불호텔은 '양관'으로 본래 2층 목조 건물 호텔이 있던 곳 옆에 증축한 건물이고, 그러니 3층짜리 대불호텔은 우리나라 최초의 서양식 호텔이 아니라는 얘기다.[2]

대불호텔에는 침대가 있는 11개의 객실을 갖추었으며 일본식 다다미방도 있었다. 숙박비는 상급 2원 50전, 중급 2원, 하급 1원 50전이었다.[3] 당시 조선 노동자 하루 일당이 20~25전 정도였고, 항구 주변에 들어서기 시작한 일본식 여관의 상급 객실 숙박료가 1원이었던 것에 비하면 매우 비싼 편이었다. 따라서 호텔을 이용하는 고객 대부분은 외국인이었다. 레스토랑에서는 서양식 식사를 제공했다.

19세기 후반 들어 대불호텔은 서양에도 여러 차례 소개됐다. 1889년 미국 시사지 《하퍼스 위클리Harper's Weekly》 1월호에 대불호텔 모습이 그림으로 소개됐는가 하면, 1904년 수집용 카드로 인기를 끈 영국 리빅 식품 회사의 리빅

---

2    '대불호텔 복원 총체적 오류', 〈인천일보〉, 2011년 8월 26일.
3    《인천부사》(번역본), 인천문화발전연구원, 2005, 1380쪽.

대불호텔 레스토랑, 조선 커피 1호점?

리빅 식품 회사가 제작한 카드에 등장한 제물포항과 대불호텔(가운데 3층짜리 건물).

Liebig 카드에도 제물포항의 모습과 함께 대불호텔이 등장하고 있다. 리빅 카드 뒷면에는 "제물포는 대한제국의 서해안, 탄강⁴ 남쪽 어귀에 위치해 있으며, 대한제국의 조약항 세 곳 중 가장 큰 항구다. 동시에 철도로 연결되어 있는 수도 서울의 항구이기도 하다. 제물포에는 일본, 중국 및 유럽 거주 구역이 있으며 약 20,000명의 인구가 거주하고 있다"라고 프랑스어로 쓰여져 있다.

19세기 말과 20세기 초까지 제물포의 상징으로 항상 사람들로 붐비던 대불호텔은 1899년 경인선이 개통되면서 극심한 경영난을 겪기 시작했다. 제물포에서 1박을 하고 짐꾼을 고용해서 한성까지 하루 종일 걸리던 일정이 두 시간 내외로 줄어들게 되자 투숙객이 급격히 줄어들었다. 외국인들이 경인선을 이용해 곧바로 서울로 향했기에 굳이 제물포에서 묵을 필요성이 없어졌기 때문이다. 게다가 러일 전쟁이 일어나면서 서양인들의 왕래가 급격히 줄어들었다. 결국 대불호텔은 경영난으로 파산 직전에 이르러 1918년 중국인에게 팔렸고, 새 주인은 중화루中華樓라는 이름의

---

4    한강의 오기로 보인다.

대불호텔 레스토랑, 조선 커피 1호점?

중국 음식점으로 리모델링해 영업을 시작했다. 중화루는 공화춘, 동흥루와 함께 인천의 3대 중국 요릿집으로 이름을 날렸다. 하지만 중화루도 청나라 조계지가 있던 청관거리가 쇠퇴하면서 1960년대 후반 경영난으로 폐업하여 방치되다가 1978년 7월 철거됐다. 대불호텔의 흔적도 기억만 남긴 채 역사 속으로 사라졌다.

대불호텔이 세상의 빛을 다시 본 것은 2011년 상가 건물 터파기를 하다가 호텔 지하 저장 시설로 추정되는 벽돌 구조물이 발견되면서부터다. 서경문화재연구원은 2011년 8월부터 9월까지 한 달 동안 386.5제곱미터약 116평에 대한 발굴 조사를 마쳤고, 문화재청은 인천 중구청에 복원을 권고했다. 중구청은 2014년 대불호텔 터 활용 기본 계획을 수립하고, 2018년 56억 원을 들여 해당 부지에 3층 규모의 호텔 건물을 복원했다.[5] 대불호텔 복원에 앞서 설계도, 평면도, 시방서[6] 등 건축의 기초 자료도 확보하지 못한 상태

---

5    인천광역시 중구, 《대불호텔 터 활용 기본 계획 및 문화재 현상 변경 허용 기준 학술 연구-대불호텔 터 활용 기본 계획》, 2014, 46~58쪽.
6    설계·제조·시공 등 도면으로 나타낼 수 없는 사항을 문서로 적어서 규정한 것.

에서 단지 지하 구조 발견만으로 건물을 복원하겠다는 발상은 바람직하지 않다며 대불호텔 복원에 대한 총체적 오류를 주장하는 여론에도 불구하고 '대불호텔 전시관'은 이렇게 문을 열었다.

대불호텔 전시관은 1층 바닥을 투명 유리로 깔아 대불호텔 지하 구조 흔적을 볼 수 있게 했다. 객실 모습을 재현한 2층에는 서양식 침대와 의자, 찻잔과 커피 메이커 등을 갖춰 놓았다.

대불호텔이 우리나라 최초의 호텔이었다는 사실에 대해서는 누구도 왈가왈부하지 않는다. 그러나 대불호텔이 우리나라에서 최초로 커피를 제공한 곳, 말하자면 조선 커피 1호점이라는 주장은 아직 섣부른 판단이다. 이러한 주장은 대불호텔이 외국인들이 이용하는 레스토랑을 갖추었고, 여기서 서양 음식까지 제공됐으니, 디저트로 커피가 분명 서비스됐을 것이라는 강한 추측 때문이다.

아펜젤러의 비망록에도 "저녁 식사를 위해 우리는 식당으로 내려갔다. 테이블에 앉은 우리 앞으로 서양 음식이 놓였다"라는 회상뿐이다. 분명 커피가 후식으로 나왔을 텐데, 그 뒷 문장에 "디저트로 커피 한 잔이 나왔다"라는 한

줄만 있다면 대불호텔은 분명 조선 커피 1호점이 맞을 것이다. 비록 언제 발견될지 모르지만 대불호텔의 확실한 커피 기록이 발견되기 전까지 디저트 커피에 대한 추측과 상상만으로 조선 커피 1호점을 인정하기에는 이르다.

기록은 역사의 물길을 뒤집을 정도로 큰 힘을 갖는다. 지나친 상상과 확신은 오히려 사실을 혼탁하게 만들 뿐이다.

# 대한제국의 운명과 함께한
# 손탁호텔의 커피

고종의 커피 이야기 속에는 앙투아네트 손탁Antoinette Sontag, 1854~1925이 등장한다. 프랑스인으로 태어났으나 프로이센-프랑스 전쟁1870~1871으로 알자스 지방이 독일에 병합되며 독일인으로 국적이 바뀐 프랑스계 독일 여성이다.

1885년 인척 관계로 알려진 주한 러시아 공사 베베르를 따라 한성에 들어온 손탁은 베베르의 추천으로 왕실에서 일했다. 그는 주로 서양식 요리와 궁에 들어오는 외국인을 접대하는 일을 했다. 고종도 이때부터 손탁의 손을 거쳐 만들어진 양식 요리에 빠져들었고, 커피도 이 무렵 처음 알게 된 것으로 보인다. 더욱이 조선의 관문이 열리면서

Besuch des Gouverneurs von Tsingtau Exzellenz Truppel bei der Ober-
hofmalsterin des Kaisers von Korea Fräulein Sontag.

19세기 말 고종의 두터운 신임을 받은 손탁(가운데 여성).
ⓒ한국문화원

격랑처럼 다가오는 서양인과 서양 소식을 고종과 명성황후에게 전하면서 손탁은 황실의 두터운 신임을 얻게 됐다. 이를 각별하게 여긴 고종은 1895년 정동에 있는 한옥 한 채를 포함해 왕실 소유의 가옥 및 토지 3,914제곱미터1,184평를 하사했다. 이 가옥은 1895년 10월 8일 새벽 명성황후가 일본 낭인들에게 살해되고 혼란스러울 당시 각국 외교관들이 모이는 곳이 됐다. 손탁은 한옥 저택의 실내를 서양식으로 리모델링해 숙소로 꾸몄다. 당시 서울에는 마땅한 숙소가 없었기 때문에 조선을 방문한 서양인들이 머물 곳은 손탁의 사저가 우선이었다. 이곳은 금세 서양인들이 외교관을 만나거나 조선에 관한 다양한 정보를 얻을 수 있는 사교장이 됐다. 손탁 자신도 사교를 주선하며 깊이 관여했다.

1896년 고종이 러시아 공사관으로 파천播遷할 때에도 손탁의 역할이 컸다. 고종과 동행을 한 손탁은 고종 옆에서 서양 요리와 커피를 제공하며 고종의 수발을 드는 일을 했다.

손탁의 개인사에 대해서는 알려진 게 거의 없다. 서울에 처음 들어왔을 때 나이가 서른한 살이었고, 프랑스어와 독일어, 러시아어 등 외국어에 능통한데다 사교술이 뛰어나 외교가에서 널리 알려졌다는 것뿐이었다.

고종이 러시아 공사관에서 경운궁으로 돌아와서도 손탁의 역할은 계속됐다. 러시아 공사 베베르 등과 함께 조선 관료들이나 고종에게 외교 및 국제 문제에 대해서도 조언을 아끼지 않았다. 자연스레 손탁의 위상은 점점 높아졌다. 1898년 고종은 손탁의 한옥 자리에 방 5개가 딸린 서양식 벽돌 건물로 새롭게 지었다. 3월 16일 고종은 자신을 도운 '노고에 보답하는 뜻以表其勞事'을 각별히 표한 '양관하사증서'를 손탁에게 줬다.

경운궁 담장 너머 손탁의 서구풍 사저는 '손탁양저孃邸' 또는 '손탁빈관賓館'으로 불렸는데, 외국인 숙소이면서 또 하나의 외교 모임 장소가 됐다. 손탁호텔도 실은 여기서 시작된 것이다. 당시 대한제국이 여러 나라와 국교를 수립하고 세상에 알려지게 되면서 많은 관료와 외교관의 방문이 늘어났다. 방 다섯 개에 불과한 손탁의 작은 빈관으로는 이들을 수용하기에 역부족이었다. 대한제국 정부에서는 외국인들이 숙박할 수 있는 보다 큰 규모의 호텔을 짓기로 했다. 곧바로 손탁이 운영하던 빈관을 헐고 그 자리에 호텔을 지어 손탁에게 운영을 맡겼다. 말이 운영이지 거저 준 셈이다. 손탁은 자신의 이름을 달아 2층 규모에 25개 객실과 레스토랑을 갖춘 최고급 호텔인 이곳을 '손탁 호텔'이라고 했다.

손탁호텔은 내탕금內帑金, 즉 임금의 개인 돈으로 신축했기에 사실상 '영빈관 호텔'인 셈이었다. 1층에는 일반 외국인 객실과 레스토랑이 있었으며, 2층은 황실 손님 등 귀빈용 객실로 사용했다. 1층 레스토랑에서는 서양 요리를 판매했는데 후식으로 커피나 홍차가 반드시 따라 나왔다.

지금의 서울 정동 32번지 현 이화여고 자리에 있었던 손탁호텔은 최고의 핫 플레이스였다. 호텔 주변에는 러시아와 프랑스, 미국과 영국 등 열강의 공사관이 있었고, 미국 선교사들이 주도해 설립한 배재학당이나 이화학당을 비롯해 정동교회와 성공회 성당 등 외국 종교 기관들이 줄지어 들어섰다. 손탁호텔은 대한제국 대신들과 외국인들이 만나는 살롱이었다.

독립협회 지도자들은 이 호텔 레스토랑에서 기울어져 가는 조선의 모습을 안타까워하며 앞날을 걱정했을 것이다. 친미파와 친러파 인사들의 모임인 정동구락부도 이곳

대한제국의 운명과 함께한 손탁호텔의 커피

에서 자주 모임을 가졌다. 이곳에서 이들은 서양식 식사와 함께 조선의 기호품이었던 커피를 접했다. 왕실이나 외교관과 같은 특권층의 기호품이었던 커피는 시간이 지나면서 호텔을 드나드는 이들의 취향을 사로잡았다.

이 호텔은 《톰 소여의 모험》으로 잘 알려진 미국 소설가 마크 트웨인이 러일 전쟁 취재를 위해 종군기자로 왔다가 묵은 곳이다.[1] 독립협회에 합류했다가 친러파였다는 이유로 제명을 당한 이완용이 발 빠르게 친일파로 전향한 후 드나들던 곳도 손탁호텔이었다.

1904년 이후 손탁호텔은 친일파의 발길이 이어지면서 을사늑약이라는 망국의 어두운 그림자가 드리워지기 시작했다. 1905년 11월 9일 이토 히로부미伊藤博文는 대한제국의 외교권을 일본에 양도하고 통감부를 설치하려는 조약을 체결하고자 고종 위문 특파 대사 자격으로 조선 땅을 밟는데, 이때 머문 곳이 손탁호텔이다. 그는 다음 날인 10일 고종을 알현해 '동양 평화를 위해서 일본 대사의 지

---

[1]    김태수, 《꽃가치 피어 매혹케 하라: 신문광고로 본 근대의 풍경》, 황소자리, 2005, 281쪽.

휘를 받으라'는 일왕의 친서를 전달했으나 거절당하고, 15일에도 조약 체결을 강요하지만 고종이 거절했다. 화가 치밀어 오른 그는 다음 날인 16일 자신이 머물던 손탁호텔로 내각 대신들을 불러들여 조약을 체결하도록 회유하지만 대신들조차 거부하고 돌아갔다. 결국 일본은 덕수궁 안까지 일본군을 진입시켜 강압적인 을사늑약을 체결하게 된다. 고종이 공들여 지어 준 손탁호텔이 이토 히로부미가 조선 대신들을 불러내 회유하고 협박하며 대한제국의 외교권을 강제로 빼앗은 불평등 조약의 본거지가 된 셈이다.

을사늑약 이후 뒤늦게 고종은 조약이 무효임을 주장하기 위해서 헤이그 국제 회의장에 세 명의 특사를 파견했으나 허사로 돌아갔다. 이를 빌미로 일제는 이완용과 송병준을 앞세워 고종을 협박하여 퇴위시키고 순종을 그 자리에 앉혔다. 대한제국은 서서히 망국의 길에 들어섰다.

든든한 버팀목이 돼 주었던 고종이 힘없이 물러나자 손탁도 조선 땅에서 편안히 발붙이고 살 수 없다는 걸 알게 됐다. 1909년 8월 3일 손탁은 호텔을 프랑스인 호텔 경영업자 보에르J. Boher에게 팔고 조선을 떠났다. 1885년 러시아 공사 베베르를 따라 서른한 살에 조선에 첫발을 디딘

SONTAG HOTEL Seoul Korea.　　J. BOHER Proprietor.

고종 황제가 손탁에게 지어 준 호텔.
사진 속 건물은 손탁이 프랑스인 보에르에게 팔고 난 이후의 모습이다.

후 1909년 귀국할 때 나이가 쉰다섯이었으니 24년을 조선에 머문 셈이다.

보에르는 '손탁호텔Sontag Hotel'이라는 이름을 그대로 써서 1909년 새롭게 문을 열었다. 하지만 경술국치庚戌國恥의 여파로 외국인이 줄면서 경영이 쉽지 않았다. 힘겹게 겨우겨우 버티던 손탁호텔은 1917년에 문을 닫았다. 이화학당에서는 손탁호텔을 사들여 기숙사로 사용하다가 1923년 호텔을 헐고 새로운 건물을 지었다. 그러나 이마저도 한국전쟁 때 폭격으로 폐허가 되고 말았다.

손탁호텔은 정동교회와 정동극장 뒤에서 경향신문사 쪽으로 올라가는 길 어디쯤에 있었다. 아쉽게도 그 모습을 찾을 수 없지만 지금의 이화여고 경비실 뒤쪽 '손탁호텔 터' 표석이 세워진 곳으로 추정할 뿐이다. 캐나다 대사관 앞에서 500년 가까이 꿋꿋하게 버텨온 회화나무만이 망국의 그날을 지켜보았을 것이다. 손탁호텔이 한국 커피 역사에서 비중이 큰 곳이어서인지 주변에는 세련된 분위기의 커피 전문점이 줄지어 들어서 있다. 이색적인 감각도 여전하다.

개화기 조선의 커피와 서양 음식, 조선을 두고 벌어진

음모와 회유 등 역사적 사건들이 복잡하게 얽혀 있는 손탁 호텔은 대한제국 몰락의 길목에 서 있는 곳이었다.

# 코나 커피 농사에 뛰어든
# 하와이 한인 이민자들

기록으로 보면 한국인 가운데 가장 먼저 커피 농사에 뛰어든 이들은 하와이 이민자들이다. 1903년 하와이 이민이 시작될 무렵 조선은 이미 기울어진 나라였다. 구한말 관서 지방에는 가뭄과 홍수가 이어져 극심한 흉년이 닥쳤고 백성들은 식량난에 시달렸다. 고종은 가을 흉작을 예상하고, 1902년 여름에 쌀 수출 금지령을 내리는 한편, 급하지 않은 토목 공사도 중지시켰다. 그러나 설상가상으로 여름철에 콜레라와 장티푸스와 같은 전염병이 창궐해 하루에 300여 명이 넘는 사람들이 죽어 갔다. 나라가 도탄에 빠지자 백성들은 땅과 일자리를 찾아 두만강을 건너 멀리 간도

나 연해주로 떠나갔다. 정부에서도 이렇다 할 대책이 없었다. 한마디로 '헬조선'이 되어 버린 한반도를 탈출하는 방법은 땅을 찾아 떠나는 것밖에 없었다. 이 무렵 한반도 방방곡곡에 하와이 이민 공고가 나붙기 시작했다.

하와이 이민은 대한제국 정부가 하와이 사탕수수 농장에서 일할 농부들을 보내자는 주한 미국 공사관 전권 공사 호러스 알렌의 건의를 수용하면서 시작됐다.

1901년 말 휴가를 위해 미국에 머물던 알렌은 하와이 정부로부터 노동력이 필요하다는 소식을 들었다. 곧바로 하와이로 건너가 호놀룰루에서 사탕 농장주들을 만난 알렌은 서울에 돌아와 고종 황제를 만났다. 이 자리에서 그는 흉년으로 고생하는 백성들을 하와이로 보내 살게 하고, 신문화를 도입할 것을 건의했다. 1902년 11월 고종은 하와이 이민자 모집을 허락하고 여권 업무를 관장할 담당 기관인 수민원도 설립했다.

하와이에서 파견한 데이빗 데쉴러David W. Deshler는 인천에 '동서개발회사The East-West Development Company'를 세우고 서울을 비롯해 인천·부산·원산·진남포 등 전국 주요 항도에 지부를 두어 하와이에서 일할 이민자를 모집했다.

〈황성신문〉에는 한 달에 16달러를 지급한다는 이민자 모집 광고가 대대적으로 실렸다.

그러나 국경을 접한 중국이나 연해주 이주와는 달리 하와이 이민자 모집에는 선뜻 신청하는 사람들이 없었다. 조상이 묻힌 고향을 두고 바다 건너 멀리 떠난다는 건 죄를 짓는 일이라고 생각했기 때문이다. 동서개발회사에서는 인천 용동교회현재 내리감리교회 존스George H. Jones 목사에게 교인들을 설득해 줄 것을 부탁했다. 존스 목사는 설교 중에 "하와이는 살기가 좋은 곳"이라며 교인 50명을 설득했다. 제물포항에서 일하는 노동자 20명, 그리고 전국에서 모집한 51명이 이민 대열에 합류했다.

1902년 12월 22일 한인 121명을 태운 켄카이마루玄海丸가 최초로 제물포를 떠났다. 인천항을 출발한 이민자들은 일본 고베神戶에 도착하여 신체검사를 받았고, 여기서 건강에 이상이 없는 104명이 12월 29일 미국 상선 게일릭Gaelic호를 타고 하와이로 출발했다.

1903년 1월 13일 새벽, 설렘과 두려움 속에 2주 동안 게일릭호를 타고 태평양을 건너온 한국인들이 하와이 호놀룰루항에 발을 디뎠다. 첫 이민자들은 배에서 검역과 신체

1902년 12월 104명의 한국 이민자를 싣고 하와이로 떠난 게일릭호.

검사를 받았는데, 안질이 있던 15명은 상륙 허가를 받지 못해 돌아가고 86명이 호놀룰루에 상륙하게 됐다. 하와이 사탕수수 재배 노동을 위한 첫 해외 이민은 이렇게 시작됐다.

이들은 오아후Oahu섬에 있는 모쿨레이아 농장Mokuleia Camp in Walalua Plantation과 카후쿠 농장뿐만 아니라 마우이 Maui섬, 카우아이Kauai섬, 그리고 빅아일랜드섬에 있는 사탕수수 농장으로 흩어져 노동을 시작했다. 첫 이민자들이 정착한 이후에도 이민은 순조롭게 이어졌다. 1905년까지 7,800여 명에 이르는 한인들이 65편의 이민선을 타고 하와이에 속속 도착했다. 초기 이민자들 가운데 약 65퍼센트 는 제대로 교육을 받지 못한 사람들이었다. 이들의 직업은 광부와 군인, 농부, 시골 선비, 역부, 목사, 건달 등으로 다양했다. 특히 이들 가운데 기독교인은 약 20퍼센트에 이르렀다.[1]

초기 사탕수수 밭에서 일하기 위해 하와이에 온 한인들은 하와이에만 머물지 않았다. 5년의 계약 기간이 끝나자

---

1    진용선, 《하와이 멕시코 쿠바 아리랑 연구》, 아리랑아카이브, 2019, 50쪽.

코나 커피 농사에 뛰어든 하와이 한인 이민자들

한인들은 각각 제 갈 길을 갔다. 1907년까지 남자 950명과 여자 54명, 어린이 33명 등 1,033명이 보다 큰 꿈을 좇아 미국 본토로 건너갔고, 1908년부터 1915년 사이에도 50명이 건너가 모두 1,087명이 미국 캘리포니아로 건너갔다. 한국으로 돌아간 한인들도 1,300명이나 됐다.[2] 그러나 많은 한인들은 하와이 여러 섬으로 뿔뿔이 흩어져 다양한 농사를 짓기 시작했다. 카우아이섬 와이메아Waimea 지방과 하나페페Hanapepe 계곡으로 간 한인들은 쌀농사를 짓기 시작했다. 파인애플 농장에서 일을 하거나, 옥수수 농사와 잎담배 재배에 뛰어든 이들도 있었다.

커피 농사에 도전한 한인들도 있었다. 1909년부터 30여 가호가 커피로 유명한 빅아일랜드로 건너갔다. 이때부터 코나kona 커피[3]를 재배하는 한인들이 늘어났다.

---

2    웨인 패터슨, 정대화 옮김, 《아메리카로 가는 길》, 들녘, 2002, 263쪽.

3    하와이 빅아일랜드의 후알라라이(Hualālai)의 산기슭을 타고 3~5킬로미터 폭으로 마우나로아(Mauna Loa) 산까지 45킬로미터 경사면에서 재배되는 커피다. 자메이카 블루마운틴, 예멘 모카 마탈리와 함께 세계 3대 커피로 알려져 있다. 코나 지역의 용암으로 굳어진 화산 토양에서 한낮의 뜨거운 날씨와 오후의 구름이나 비가 더위를 식히는 지대에서 재배되는 커피로, 향이 좋고 부드러운 맛이 특징이다. 코나 지역에서만 생산되며, 코나 커피 원두를 최소 10퍼센트 이상 사용해야만 '코나

하와이 빅아일랜드의 코나 커피 농장.

하와이는 커피 원산지가 아니었다. 19세기 초 영국인 존 윌킨슨이 하와이 곳곳에 커피나무를 심었지만 잘 자라지 못했다. 그런데 1828년 미국인 선교사 새뮤얼 러글스Samuel Reverend Ruggles가 브라질에서 아라비카 커피나무를 빅아일랜드로 가져왔다. 처음엔 커피가 빅아일랜드의 기후에 얼마나 잘 적응하는지 알아보기 위해서였다. 시간이 지나면서 마우나로아 산 지역에 옮겨 심은 뒤 수확량이 늘어나기 시작했다. 화산 용암이 녹아 굳은 비옥한 땅과 충분한 햇살, 비를 뿌려 주는 구름 덕에 마우나로아, 마우나케아 산 서쪽 경사면의 홀루알로아Holualoa, 카일루나 등지에 뿌리를 내렸다. 코나 커피는 이렇게 시작되어 1800년대부터 하와이의 주요 작물이 됐다.

1890년대 후반 커피 가격 폭락으로 커피나무를 재배하던 원주민들은 토지를 팔고 떠나갔다. 이때부터 커피 농사는 점차 독립적인 농장 형태로 변했다. 1880년대부터 대규모로 들어온 일본인은 커피 원두를 생산하던 농장의 토

(KONA)'라는 이름을 붙일 수 있다. 세계에서 가장 비싼 커피 중 하나이며, 해마다 11월에 코나 커피 축제(Hawaii Kona Coffee Cultural Festival)가 열린다.

지를 구입하거나 임대해 일찌감치 코나 커피 재배에 뛰어들었다. 몇 세대가 지난 지금도 일본인 후손 중 상당수가 여전히 같은 곳에서 코나 커피를 재배하고 있다.

코나에 들어온 한인 이민자들도 꽤 있었다. 홀루알로아에 한인 커피 농장이 하나둘씩 생겨나기 시작했다. 한 집안끼리나 뜻이 맞는 사람끼리 모여 살다 보니 커피 농사는 물론이고 모든 일이 재미있었다고 했다.[4] 당시 북北코나 홀루알로아에서 24가호가 288에이커116만 5,494제곱미터에 이르는 커피 농장을 운영하는가 하면, 호나우나우Honaunau에서 30가호가 45에이커18만 2,108제곱미터에 달하는 커피 농장을 운영했다.[5] 한인들 가운데는 일본인들이 운영하는 커피 농장에서 커피 건조와 로스팅 기술을 배우는 이들도 점점 늘어났다.[6]

지금도 한인들이 커피 농장을 운영하던 홀루알로아에

4    〈신한국보〉, 1910년 8월 16일자.
5    '布哇嶋의 同胞産業', 〈신한국보〉, 1910년 12월 13일자.
6    코나 커피의 역사와 노동자 등에 관해서는 《The Kona Coffee History》(Japanese American National Museum, 1995)와 《11 Days in Kona》(Christine Kim, Voltaire Travel, 2018) 참조.

코나 커피 농사에 뛰어든 하와이 한인 이민자들

는 헤븐리 하와이안 팜Heavenly Hawaiian farms, 마운틴 선더 코나Mountain Thunder Kona 커피를 비롯해 여러 커피 농장이 모여 코나 커피 벨트를 이룬다.

빅아일랜드에서 갈 수 있는 커피 농장 가장 높은 곳에 있는 마운틴 선더 코나 커피 농장 안쪽으로 들어가면 오래전 커피 농장에서 일한 한인들의 돌무덤이 있다. 경사진 길로 올라가 계곡을 지나면 돌무덤이 군데군데 있고, 그 사이에 한문과 한글로 된 묘비가 눈에 띈다. 정복수·조해운·최성식·리션익 등 고향이 경상 동래·황해도 평상군·경상도 안동군·황해도 수안군 등인 이들로서 대부분 1930년에서 1938년 사이에 세상을 떠났다.[7] 이곳에서 한인들이 20세기 초에 이미 자메이카의 블루 마운틴, 예멘의 모카 마타리와 더불어 세계 3대 프리미엄 커피로 꼽히는 코나 커피 농사에 구슬땀을 흘렸다니 놀랍다.

나라가 도탄에 빠졌을 때 지푸라기라도 잡고 싶은 마음에 조국을 떠난 한인들. 그 덕에 이들은 아주 일찍이 커피 농사를 지어 깨끗한 향미와 신맛, 부드러운 감칠맛이 특징

---

7    김교문, 《코나커피, 코나생각》, 책과나무, 2016, 217~220쪽.

커피, 이토록 역사적인 음료

인 고품질의 코나 커피를 생산했다. 이들은 때때로 하와이의 푸른 바다를 바라보며 고국 생각에 잠겨 코나 커피를 음미하는 호사 아닌 호사를 누렸을 것이다. 하와이가 지상 낙원이라면 코나 커피 재배에 뛰어든 한인들은 천국의 향기를 가장 일찍 느낀 이들이 아니었을까.

코나 커피 농사에 뛰어든 하와이 한인 이민자들

# 부래상의 공짜 커피와
# 멕시코 애니깽의 '쓴 물'

우리나라에서 고관대작高官大爵을 제외하고 커피를 처음
접한 사람들은 아마도 나무꾼일 것이다. 1902년 서울에
들어온 프랑스 상인 폴 앙투안 플레상Paul Antoine Plaisant, 당
시에는 '푸레상'이 부래상富來祥이라고 자칭하고 다니면서 나
무꾼들에게 공짜 커피를 제공한 것이 시초라고 한다. 그
는 광화문 광교에 있는 장작 시장에서 나무를 독점하기
위해 아주 특별한 판촉을 벌였다. 겨울이면 어깨에 화살
통 크기의 커피를 가득 채운 보온병 두 개를 메고 다니다
가, 지게나 소달구지 등에 장작을 싣고 자하문과 무악재
를 넘어오는 나무꾼들이 황톳마루지금의 세종로 네거리에 이

르면 빠른 걸음으로 다가가 서툰 우리말로 말을 걸었다. 플레상은 "저는 고양 부富씨입니다"라며 인사한 뒤, 한글 발음을 차용한 자신의 이름 부래상이 '부가 들어오는 상서로움'이라고 너스레를 떨며, "날도 찬데 이 커피 한잔 하며 속을 좀 덥히십시오"라고 말하고는 김이 모락모락 나는 커피 한 잔을 따라 주었다. 장작 시장의 나무 물량을 조금이라도 더 확보하기 위한 환심성 커피였다. 나무꾼들 대부분이 고양 출신이라는 점을 알고, 같은 고향이라는 연줄을 강조하며 처음 맛보는 커피로 친밀함을 자극하는 상술이었다. 공짜 커피를 맛본 나무꾼들은 호감과 호기심을 갖고 흥정했다. 나무꾼들은 검은 색깔에다 맛이 쏩쓸해 약초를 달인 탕국과 비슷하다며, 이를 '양탕洋湯국'이라고 했다. 프랑스인 플레상이 커피를 판촉 도구로 사용하며 자신의 사업을 확장한 때가 1910년 무렵이었다.[1]

이와 비슷한 시기에 나라 밖에서 커피를 마신 한인들이 있었다. 바로 멕시코 한인 노동자들이다.

---

**1** 〈조선일보〉, 1968년 12월 26일자 5면, 1972년 1월 1일자 7면 참조.

부래상의 공짜 커피와 멕시코 애니깽의 '쓴 물'

멕시코 한인 이민은 1905년 4월에 1,033명의 한인 노동자를 태운 영국 선박 일포드San Ilford호가 멕시코에 도착하면서 시작됐다.[2] 지금은 비행기로 14시간 정도 걸리는 여정이지만, 그때는 40일 넘게 화물선을 타고 머나먼 항해를 했으니 그 고생은 이루 말할 수 없었다. 멕시코의 유카탄Yucatán까지 약 1만 2,000여 킬로미터를 항해하는 도중 어린아이 등 3명이 사망했고, 어른들도 심신이 지친 상태였다.

멕시코 땅에 발을 디딘 한인 이민자들은 1904년 11월부터 1905년 1월까지 〈대한일보〉와 〈황성신문〉에 게재된 모집 광고를 보고 자원한 사람들이었다.[3] 멕시코에 가면 집세나 토지 경작 비용이 면제되고, 임금은 하루에 한국 돈으로 3원까지 받을 수 있으며, 에네껜henequen[4] 농장에서 계

**2**    한인들의 멕시코 이민과 전후 상황과 관련해서는 《한국인 멕시코 이민사》(이자경, 지식산업사, 1998), 《멕시코 한인 동포의 생활문화》(국립민속박물관, 2004), Wayne Patterson, 〈Korean Immigration to the Yucatan at the Turn of the Century: The Diplomatic Consequences〉, 《24th Annual Convention of the International Studies Association》(Mexico, D.F., 1983) 참조.

**3**    전경수, 《세계의 한민족: 중남미》, 통일원, 1996, 43쪽.

**4**    용설란과에 속하는 식물로 잎에서 스페인어로 소스킬(Sosquil), 영어로는 사이잘

커피, 이토록 역사적인 음료

1905년 멕시코에 도착한 한인들이 일했던 춘추밀 농장에서 에네껜에서 뽑아낸
실(소스킬)을 말리는 모습이 담긴 1920년대 엽서.

메리다 인근의 에네껜 농장. 지금은 사양 산업이 됐지만
에네껜은 아직도 옷이나 가방의 재료로 사용되고 있다.

약 기간이 끝나 귀국할 때는 보너스까지 받는다는 내용이었다. 광고에 끌린 한인들은 멕시코 농장에서 4년 동안 일하겠다는 계약서에 서명했다. 이들은 대한제국의 몰락과 함께 퇴역한 군인이 200명으로 가장 많았고, 전직 하급 관리, 소작인, 잡역부, 소수의 양반 계급, 부랑아 등으로 다양했다. 한인들은 유카탄 중심 도시 메리다에 있는 20여 곳의 에네껜 농장으로 흩어졌다.

멕시코 한인 이민자들은 새벽 4시부터 일을 나가 무더위 속에서 하루 12시간씩 에네껜 잎을 채취해야 했다. 섭씨 40도를 넘나드는 무더위 속에서 선인장의 일종인 에네껜 줄기를 잘라 다발로 묶어 옮기는 작업은 보통 일이 아니었다. 에네껜을 자를 때 움켜쥐어야 하는 왼손은 가시에 찔려 긴 소매는 언제나 피투성이였다. 담요를 말아 입은 긴 바지도 온통 가시에 찔려 성한 부분이 없었다. 밤늦게 집에 돌아와서는 손발에 박힌 가시를 빼고 소금과 오렌지 즙을 발라 치료했다. 뜨거운 햇볕에 얼굴은 금세 구릿빛으

---

(Sisal)이라는 가늘고 질긴 섬유를 추출해 밧줄이나 노끈, 매듭, 가방, 신발 등을 만드는 데 사용한다. '에네껜'은 마야 원주민이 쓰는 말이다.

커피, 이토록 역사적인 음료

로 변했다. 하루가 너무 힘들어 희망이 없다며 스스로 목숨을 끊은 사람들도 있었지만, 한인들이 참고 버틴 이유는 계약 기간이 끝나면 고국에 돌아갈 수 있다는 희망 때문이었다.

한인들이 겪은 가장 큰 어려움은 음식 문제였다. 멕시코 사람들이 주식으로 먹는 옥수수 음식은 한인들에게 체질적으로 입에 맞지 않았다. 옥수수 가루를 반죽해 얇게 구워 낸 토르티야tortilla와, 여기에 채소 등 여러 가지 소를 넣고 먹는 타말tamal은 쉽게 적응하기 힘든 음식이었다. 멕시코 원주민들은 옥수수를 갈아 소금을 치고 부쳐 먹었지만 한인들은 옥수수를 타개서 밥으로 먹거나, 그대로 삶아 먹었다. 소화가 잘 되지 않는 옥수수로 만든 음식 때문에 시름시름 앓는 이들도 있었다.

물도 귀해 고통을 겪었다. 불볕더위에 땀을 흘리는데 물 없이 살 수는 없었다. 지하수를 마신 한인들은 처음부터 배탈이 나거나 질병으로 고생했다. "궁하면 통한다"는 말처럼 한인들은 숭늉처럼 마실 물을 고민하다가 지하수에 커피 한 줌을 넣어 끓여 마시기 시작했다.

멕시코 이민자인 호세 산체스 박은 자서전에서 커피를

넣은 이 물을 '쓴 물'이라고 했다.

> "고단한 작업을 끝내고 들어와도 음식이 맞지 않았다. 더
> 구나 찬물도 마시지 못하고 커피를 넣고 끓인 '쓴 물'을 마
> 셔야 했다. 처음에 가장 먹기 힘들었던 게 쓴 커피였다."

아무리 궁하다 해도 지하수 끓인 물은 입맛에 맞지 않았
다. 더욱이 커피를 넣고 끓였으니 뭔가 쓰고 생소한 맛이
나서 마시기가 힘든 건 너무나도 당연했다. 이른바 '대체
숭늉'이었지만 마실수록 숭늉 생각이 더 났다. 한인들은
계약 기간이 끝날 때까지 에네껜 농장에서 쓴 물을 마셔야
했다.

한인들은 김치와 따뜻한 밥, 숭늉이 그리웠을 것이다. 하
지만 이들이 자유의 몸이 되어 고향에 돌아가려 했을 때,
꿈에도 그리던 고국이 일본 식민지로 전락했다는 소식에
망연자실했다. 한인들은 다시 멕시코 전역으로 뿔뿔이 흩
어졌고, 새로운 살길을 찾아 쿠바로 떠난 이들도 있었다.

현재 멕시코의 한인 후손은 6세대까지 이어졌다. 1세대
와 2세대는 모두 세상을 떠나고, 3세대부터는 현지에 동화

되면서 민족 정체성도 점차 사라져 갔다. 멕시코에는 100명 미만의 후손만이 순수한 한국 혈통을 갖고 있다. 한인들은 우리말을 하지 못해도 자신의 정체성을 잃지 않기 위해 오랜 세월 노력을 기울였다. 한인의 풍속 가운데 정체성을 드러내는 음식만 보아도 그렇다. 김치와 고추장, 만두, 지짐이 등 부모 세대가 즐긴 식습관을 떠올리며 대물림해 왔다. 또박또박 우리말로 발음하며 기억하는 젊은 세대도 있다. 그 가운데 '쓴 물'도 빠지지 않는다. 멕시코시티와 메리다에서 만난 한인들은 '쓴 물'을 떠올리면 부모 생각에 잠기고 잔잔한 슬픔이 밀려온다고 했다. 이러한 기억과 회상은 자신이 한인임을 인식하는 역할을 했다.

한인들이 이민 첫해부터 마시기 시작한 '쓴 물'은 여전히 대물림됐다. 멕시코 한인 1세대를 '애니깽'이라고 한다. 현지인들이 '에네껜'이라고 발음하는 것을 한인들이 처음에 '애니깽'이라고 부른 데서 비롯된 별칭이다. 태평양을 건너와 낯설고 물설은 에네껜 농장에서 무더위와 고된 노동을 견뎌 온 한인들. 애니깽이 마신 '쓴 물'은 최고의 커피이자 잔잔한 슬픔이 밀려오는 쓰디쓴 숭늉이었다.

ε

# PART II.

# 모던 보이,

# 모던 걸의 음료

# 최승희와
# 조선호텔 커피숍 선룸의
# 스타 마케팅

1899년 9월 18일 경인선이 개통되고, 1905년 5월 25일 한성 남대문 정거장지금의 서울역 광장에서 경부선 개통식이 거행되면서, 한성과 인천, 한성과 부산을 오가는 시간이 크게 단축됐다. 같은 해 9월 11일 부산과 일본 시모노세키下關를 연결하는 부관연락선釜關連絡船도 운항을 시작했고, 1910년 이후 각 철도 간선이 완공됐다. 철도가 생기면서 부산과 인천에 도착한 외국인들이 항구 주변의 숙소에서 하루를 머물고 이른 아침 경성으로 출발할 필요가 없게 됐다. 이로 인해 경성으로 몰려드는 일본인과 서양인이 많아지면서 숙박난이 심각해졌다. 조선 총독부에서는 규모가 큰 서양식 호텔을 짓기로 하고 독일 건축가 게오르크 데 라란데Georg de Lalande에게 설계를 맡겼다. 이렇게 해서 1914년 10월 10일 개관한 호텔이 조선호텔이다. 1,900여 제곱미터580평에 이르는 이 호텔은 지상 4층 지하 1층의 벽돌 건물로 외부는 독일식, 내부는 프랑스식이었다. 조선호텔은 52개 객실과 한·양식당, 커피숍, 댄스홀, 헬스장, 도서실 등을 두루 갖췄으며 '수직 열차'라고 하는 엘리베이터도 처음으로 설치됐다.

조선호텔 건립 비용은 84만 4,000엔이 투입됐다고 한다. 1910년 순금 1돈3.75그램의 가격이 5엔이었으니 호텔 건립 비용은 16만 8,800돈에 해당한다. 2024년 10월 금 시세가 살 때를 기준으로 3.75그램에 50만 원 정도이니, 이를 현재가로 환산하면 대략 840억 원이 든 셈이다.[1] 조선총독부 철도국 소유의 조선호텔은 그야말로 조선 최고의 초호화 호텔이었다.

조선호텔은 개관 후 조선을 찾는 국빈이나 고위 관리, 외국인이 투숙하는 영빈관급 호텔이었다. 조선 총독부 철

---

[1] http://www.nextdaily.co.kr/news/articleView.html?idxno=33120

커피, 이토록 역사적인 음료

1914년 10월 10일에 설립된 조선호텔.

ⓒ조선호텔앤리조트

도국에서도 개관 이후부터 신문이나 잡지 등을 통해 호텔을 홍보하는 데 노력을 기울였다. 절제미와 중후함이 드러나는 호텔은 당시 최고의 럭셔리 공간이었다. 특히 1924년에는 프렌치 레스토랑 팜코트현재 나인스게이트가 문을 열고 시저샐러드, 에스카르고, 양파 수프, 커피와 와인 등 새로운 음식을 선보였다.

조선 총독부 철도국은 조선에서 대중적 인지도가 가장 높은 무용가 최승희1911~1969를 내세워 마케팅을 시작했다. 단순히 호텔 이미지를 높이려는 전략이라기보다는 부유한 젊은이들까지 끌어들이려는 전략이었다.

1938년 조선 총독부 철도국에서 발행한 사진 홍보물인 《조선의 인상》에는 조선호텔의 모습과 선룸 사진이 실려 있다. 유리로 천정과 외벽을 마감하고 열대 식물이 드리운 고급스런 분위기의 선룸에서 20대 후반인 모던 걸 최승희가 커피를 마시는 마케팅은 빠르게 반응이 나타났다. 소문이 자자한 무용가인 최승희가 커피를 마시는 모습은 당시 청춘 남녀에게 우아한 곳에서 최신 유행의 상징인 커피를 마셔야 시대에 뒤떨어지지 않는다는 인식을 심어 주는 데 한몫했다. 이곳의 인기 메뉴가 아이스크림과 커피라는 사

1938년 조선총독부 철도국에서 발행한 《조선의 인상》.
조선호텔의 모습과 선룸 사진이 실려 있다.
선룸에서 커피 잔을 들고 있는 이가 최승희.

실이 알려지면서 부유한 젊은 층의 발길이 이어졌다. 조선 호텔의 선룸은 호텔 라운지 바와 함께 모던 보이, 모던 걸의 핫플레이스가 됐다.

그럼 당시 '세계적 무용가'라는 명칭이 따라 붙었던 최승희의 경제적 가치는 어느 정도였을까?

1911년에 태어난 최승희는 숙명여학교를 졸업한 후 큰오빠 최승일의 권유로 일본의 저명한 무용가인 이시이 바쿠石井漢 문하에 들어가 무용을 배우기 시작하며 명성을 얻었다. 1930년대에 들어 최승희는 좌익 활동을 하던 남편 안막과 결혼한 후 공연을 통해 점점 명성을 얻었다. 1936년 스페인 마드리드에서 열린 세계 무용 콩쿨에서 1등을 했고, 국내외를 넘나들며 영화 출연과 음반 취입 등의 활동을 하며 최고의 스타가 됐다. 최승희의 성공 스토리를 바탕으로 일본인 감독이 연출하고 일본 배우들이 출연한 영화 〈반도의 무희〉에 주인공으로 출연해 배우로도 큰 인기를 누렸다. 이 영화는 주인공인 백성희가 부모의 반대를 무릅쓰고 애인을 찾아 상경했다가 이름난 무용가의 눈에 띄어 뛰어난 무용가로 성장해 큰 무대에 선다는 내용이다.

최승희는 1930년대에 프랑스, 이탈리아, 스웨덴, 덴마

1935년 1월의 최승희.
ⓒGetty Images

크, 튀르키예 등 유럽은 물론 아시아와 중남미까지 진출해 눈부신 활약을 했다. 유럽 공연 당시 파블로 피카소와 앙리 마티스, 로맹 롤랑과 같은 당대 거장들이 그의 초립동, 승무, 화랑무, 장구춤에 매료됐다. 특히 1938년 미국 공연 당시 소설가 어니스트 헤밍웨이, 존 스타인벡, 배우 찰리 채플린, 로버트 테일러 등 유명 인사들이 그녀의 공연에 사로잡혔으며, 로버트 테일러는 최승희를 할리우드 영화계에 진출하도록 주선하기도 했다. 뉴욕 공연 후 미국 언론에서는 '세계 10대 무용수'라고 평가하는 등 호평이 끊이지 않았다.

최승희는 세계적으로 유명한 슈퍼스타였다. 특히 진동무용을 선보이며 단번에 동서양인들의 시선을 사로잡았다는 상징적 이미지 때문에 가치가 치솟았다. 그의 인기가 절정일 때여서인지 광고의 경제적 파급 효과는 엄청났다.

1936년에는 경성 공연에 이어 컬럼비아레코드에서 음반 취입도 했다. 그해 겨울에는 일제가 야심차게 개통해 부산 경선 간 450킬로미터를 6시간 45분에 주파하는 특급 열차 아카츠키ぁかつき호의 최고 객실인 일등 전망차의 모델도 했다. 스물다섯 살의 최승희는 광고 모델과 패션모델계의 여왕이었다.

최승희를 모델로 내세운 조선호텔 선물의 인기 또한 치솟았으며, 커피 판매량도 크게 늘어났다. 최승희의 아름답고 세련된 이미지, 세계적으로 유명한 슈퍼스타이자 조선과 일본에서 유행을 주도하는 패션 스타로 당대의 대표적인 신여성이라는 상징적 이미지 등은 놀라운 마케팅 효과를 이끌어 냈다.

춤은 기생이나 추는 것이란 세간의 고정 관념을 깨뜨리며 예술의 경지로 끌어올렸듯이 최승희는 커피를 소위 모던 걸, 모던 보이의 최고 기호품이 되게 했다. 이를 통해 조선호텔은 커피 역사에서 뚜렷한 족적을 남기게 된다.

조선호텔 서양 요리는 애피타이저로 시작해 커피로 끝났다. 1940년 8월 2일 조선호텔에서 열린 만찬 메뉴인 '오콘타데御献立'에는 차례로 제공되는 음식을 소개하고 있다. 오르데뷰르라는 애피타이저에 이어 맑은 수프인 청갱즙淸羹汁, 생선을 찐 요리인 선어증소鮮魚蒸燒, 다진 쇠고기인 우만육牛挽肉, 어린 새고기인 추번소鶵燔燒에 이어 디저트로 과실果實, 아이스크림이 나오고 마지막을 가배珈琲가 장식했다.

# 御献立

昭和十五年八月二十五日晩餐
於 朝鮮ホテル

おるどうぶる

清羹汁

鮮魚蒸燒

牛挽肉 御野菜

鶉燔燒 サラド

あいすくりいむ

果實

珈琲

1940년 조선호텔에서 열린 만찬에서 후식으로 커피(珈琲)가 나오는 것을 알 수 있는 메뉴.

조선호텔은 일제 강점기 모던 걸과 모던 보이가 드나드는 커피 명소가 됐다. 단발머리에 서구식 옷과 신발로 꾸미고 화장을 한 최승희의 모습을 보고 많은 남성과 여성들이 모던 보이, 모던 걸이 되어 낭만을 한껏 누렸다. 서양식 옷을 입고 폼을 있는 대로 잡는 이들은 벽과 지붕을 유리로 이어 햇볕이 잘 드는 선룸에서 커피를 즐기며 새로운 문물을 받아들이고 소비하기 시작했다. 아무나 커피를 마실 수 없을 시절 모던 걸과 모던 보이는 커피를 마셔야 시대에 뒤떨어지지 않는다고 여겼을 것이다. 어쩌면 요즘 회자되는, 아무것도 놓치고 싶어 하지 않는 신인류인 포모 사피엔스Fomo Sapiens였던 셈이다.

식민지 조선이라는 환경에서 최승희를 내세운 스타 마케팅은 모던 보이, 모던 걸이 최고급 핫 플레이스를 즐기는 새로운 커피 풍속을 낳았다. 이전까지는 엄두를 내지 못했던 커피가 일상에 깊게 스며들고 커피숍과 호텔 같은 곳이 자연스런 소비 공간이 되기 시작했다.

그러나 조선호텔과 선룸 커피의 운명은 해방 이후 최승희에게 드리운 친일에 대한 반발감, 월북과 숙청이라는 비극적인 운명처럼 서서히 사그라지게 된다.

# 다방의 등장과
# 한국인 최초의 다방 '카카듀'

1905년 을사늑약과 1910년 국권 피탈 전후에 태어난 남녀
가 청년이 됐을 때 세상은 이전과는 달랐다. 기성세대와는
달리 새로운 문화를 쉽게 받아들여 행동하는 이들을 가리
켜 세상 사람들은 "모던 보이", "모던 걸"이라고 불렀다. 이
들은 전통처럼 이어진 봉건적 관습과 예속의 굴레에서 벗
어나려고 몸부림쳤다. 이들을 보는 사회의 시선은 곱지 않
았지만, 모던 보이와 모던 걸은 새로운 유행을 받아들여
소비하고 그것을 즐기는 방법이 남달랐다. 대중 속에 파고
들기 시작한 커피를 대하는 시선도 변해 갔다. 이런 변화
에 부응하듯 이전까지는 존재하지 않았던 새로운 형태의

'다방'이 문을 열기 시작했다.

사실 차를 마시는 다방은 고려 시대에도 있었다. 삼국 시대 불교와 함께 전해진 차는 고려 시대에 접어들자 국가에서 관할했고, 궁중 행사에 차와 관련된 기관인 다방茶房을 두었다. 조선 시대에는 관료들이나 외국 사신들을 접대하는 차례茶禮라는 절차를 거치며 다방의 전통이 이어졌다. 고려 시대나 조선 시대에 민간에서는 술을 차보다 많이 마셨기에 술집이 발달했다.

조선 시대까지의 다방과는 달리 구한말 커피와 홍차가 들어온 후 그것을 파는 근대적인 다방은 일제 강점기에 시작됐다.

다실은 근대 문화를 즉각적으로 경험할 수 있는 공간이었다. 국권 피탈로 일본이 조선을 강점한 후 일본인들은 혼마치本町, 현재 충무로를 중심으로 '깃사텐'이라고 부르는 끽다점喫茶店을 열었다.[1] '깃사텐'은 끽다점의 일본어 발음으로 말 그대로 차를 파는 곳으로 사람들이 모여 앉아 차를 마시는 다방이라는 뜻이다.

---

1    〈조선일보〉, 2011년 3월 13일자.

다방의 등장과 한국인 최초의 다방 '카카듀'

1913년 남대문역에 '남대문역 끽다점'이 문을 연 것을 시작으로, 1920년 명동에 '다리야ダリヤ' 다방, 1923년 관수동에 '후타미二見' 다방, '명하明河' 다방, 충무로의 '금강산金剛山' 다방이 문을 열었다.[2] 특히 후타미는 식당을 겸업하는 여느 다방과는 달리 커피와 홍차 등 차 종류만을 파는 다방의 원조였다. 초창기 영리를 목적으로 하는 이러한 다방은 대부분 일본인이 주인이었다. 내부는 서양식 스타일로 세련되게 장식했으며, 다방을 이용하는 사람들도 일본인들이나 일본을 오가며 일본 문화를 일찍 접한 조선인들이었다.

일본 과자인 '모찌餠, もち'와 '센베이煎餠, せんべい', '요깡洋羹, ようかん' 등이 들어오면서 사람들의 왕래가 잦은 곳곳에 과자점이 문을 열었다. 처음에는 과자를 주로 팔고 차를 곁들여 판매했지만, 커피와 홍차를 즐기는 손님들이 늘어나자 혼마치에서는 아예 상호를 '과자와 끽다菓子と喫茶'점으로 바꾸고 세를 불려 나갔다. 요즘 늘어나는 '베이커리 커피Bakery&Coffee'점처럼 바뀌었다.

2    〈동아일보〉, 2011년 12월 26일자.

커피, 이토록 역사적인 음료

이 시기 후타미나 금강산 다방이 들어선 혼마치 일대는 '진고개'라 불린 곳이다. 1920년대부터 일제가 고개를 깎아서 평지로 만들고, 일본인들이 상권을 장악해 번화가가 되면서, 충무로에서 명동으로 이어지는 진고개 거리를 '리틀 도쿄リトル東京'라고 불렀다. 이곳을 두루 구경해야 경성을 제대로 구경했다는 말이 나올 정도였다.[3]

진고개에서 시작된 다방은 지금의 명동인 메이지초明治町 일대까지 퍼졌다. 명동은 조선 시대에는 평범한 선비들이 모여 사는 주택가로 '남촌'이라고 했으나, '혼마치'라고 불리는 충무로로 변화하고 일본인들의 주요 거주지가 되면서 상업 지구로 바뀐 곳이다. 일본인이 사는 곳을 중심으로 들어서기 시작한 다방은 서서히 종로 일대까지 생겨났다.

충무로와 명동, 종로의 다방은 일본인들이 경영했다. 다방 안 분위기도 일본 냄새가 물씬 풍기는 말 그대로 '깃사텐'이었다. 손님 대부분은 인근에 사는 일본인들과 일본

---

3    노형석, 《모던의 유혹, 모던의 눈물-근대 한국을 거닐다》, 생각의 나무, 2004, 122쪽.

다방의 등장과 한국인 최초의 다방 '카카듀'

청년들, 부유층 인사들과 사교계 인사들이었다. 여기에 일본에서 공부한 유학파나 일본을 오가며 신문물을 접한 개화 지식인들이 가세했다. 서구식 옷으로 치장한 모던 보이, 모던 걸도 호기심에 주위를 어슬렁거리다가 드나들기도 했다.

일본인들보다는 한참 늦었지만 조선인들도 차츰 다방에 뛰어들었다. 1927년 영화감독 이경손이 종로에서 '카카듀'를 개업했다. 조선인이 운영한 최초의 다방 카카듀에 대해 《청색지靑色紙》는 이렇게 표현했다.

"조선 사람 손으로 조선인로에 맨 처음 낫든 다방은 구년 전 관훈동 초 삼층 벽돌 아래층에 이경손 씨가 포와布哇에 선가 온 묘령의 여인과 더불어 경영하던 '카카듀'다."[4]

카카듀는 지금의 종로구 인사동, 안국동 사거리 나가는 길 못 미친 곳의 3층 서양식 건물 1층에 있었다는 얘기다. 이경손과 동업을 한 하와이 출신 '묘령의 여인'은 '미스

4    노다객, 〈경성다방성쇠기〉, 《청색지》, 1938년 5월호. 46~47쪽.

현'으로 1903년부터 시작된 하와이 이민자 한인 목사의 딸이었다. 당시 사람들은 카카듀를 가리켜 "서울의 찻집의 원조요 찻집의 야릇한 풍속의 시초다"[5]라고 했다. 젊은 이들은 분위기가 야릇한 카카듀의 모습은 물론, 미남 감독 이경손과 미모가 빼어난 미스 현을 보기 위해 이곳을 드나들었다.

> "이 집은 이씨의 데카당 취미를 반영하여 촛불을 키고 인도풍잠의 마포테블크로쓰에다 봉산 탈춤의 가면을 걸어 놓고 간판 대신에 붉은 칠한 박아지 세 쪽을 달아놓아 한 때 서울거리에 이채를 띠었다. '숙영낭자전', '춘희'를 감독한 미형의 이경손과 하와이에서 살다왔다는 에그조틱한 여인과의 공동 경영인 이 다방 '카카듀'는 그 무렵 젊은 사람들의 가슴을 타게 하는 곳이었다."[6]

이경손은 병적인 감수성, 탐미적 경향, 전통의 부정을

---

5    안석영, '은막천일야화', 〈조선일보〉, 1940년 2월 14일자.
6    이봉구, 〈한국 최초의 다방 카카듀에서 에리자까지〉, 《세대》, 1964, 339쪽.

117

특징으로 하는 데카당décadent 취미를 지녔다. 이를 바탕으로 그는 카카듀에 촛불을 켜고, 인도풍의 마포 포대를 벽지로 삼아 그 위에 봉산 탈춤 가면을 걸고, 간판 대신 붉은 칠한 바가지 세 개를 달아 놓았다. 이곳을 찾은 손님들은 처음 마주하는 '야릇한 풍속'을 '이채'롭다고 할 만했다. 더욱이 이국적인 이미지의 미스 현이 있다고 하니 뭇 남자들이 가슴을 태우며 잠을 이루지 못한다는 소문이 나기도 했다.

카카듀는 이국적인 분위기의 이름처럼 낭만적인 곳이었다. 카카듀가 호기심을 자극한 것은 이러한 분위기 때문만이 아니라 이름 때문이었다. 당시 손님들은 카카듀에 대해 러시아 말이니 스페인 말이라느니 투우사의 애인 이름이라느니 하며 왈가왈부했다. 처음에는 뜻에 대한 추측이 무성하여 사람들의 호기심도 점점 커져 갔다. 그러나 이러한 궁금증은 얼마 지나지 않아 풀렸다. 프랑스 대혁명 때 경찰의 눈을 피해 모이는 비밀 아지트 술집 이름의 하나가 바로 카카듀라는 것이었다.[7]

이경손은 조선키네마주식회사에 입사해 배우 겸 조연

---

[7]    이봉구, 〈한국 최초의 다방 카카듀에서 에리자까지〉, 《세대》, 1964, 339~340쪽.

출로 활동하면서 영화 〈춘희〉, 〈장한몽〉을 제작했고, 영화 〈아리랑〉으로 유명한 나운규와도 인연이 깊었다. 초창기 조선 영화를 개척한 인물인 이경손이 차린 다방은 세간의 화제였고, 엘리트 계층의 아지트가 됐다. 일본인이 경영한 깃사텐을 부러워하던 예술가들이나 지식인들, 문인들도 이곳에 모여들어 세상 돌아가는 이야기와 담론을 진지하게 나누었다. 또한 문학도들이 드나들어 교류하며 소통하는 장을 열기도 했다. 1928년 9월 10일에는 외국문학연구회 동인들이 레프 니콜라예비치 톨스토이 탄생 100년을 맞아 그를 추억하는 좌담회를 열었는가 하면, 크고 작은 전람회와 토론 등의 행사를 개최했다.[8]

이곳에서의 토론이나 좌담은 계몽주의에 심취한 문인들이 중심이 됐다. 이들은 카카듀에 모여 구시대의 권위와 제도에 반대하며, 인간적이고 합리적인 사유思惟를 꿈꿨다. 카카듀는 '진보적인 사상'을 논하며 조선의 계몽 및 저항을 이야기하던 아지트였다.

2016년 개봉한 영화 〈밀정〉에서 경찰의 눈을 피해 모여

---

[8]　박영순, 《커피인문학》, 인물과사상사, 2017년

영화 〈밀정〉에 등장하는 카카듀.

든 독립투사들이 카카듀에 모여 정보를 교환하는 장면이
나온다. '항일 운동을 모의했다'는 다소 과장된 장면이기는
하지만 '지식이 세상을 바꿀 수 있다'라는 신념을 가진 지
식인들이 카카듀에 모여 새로운 세상을 그린 산실이었음
은 분명하다. 이경손이 이러한 사람들을 위해 턱시도를 입
고 손수 끓인 커피와 차를 나른 카카듀는 '차를 파는 다방'
을 넘어서 '차를 마시고 소통하는 다방'이었다.

하지만 세간의 주목을 받던 카카듀는 누적된 적자를 견

디지 못하고 몇 달 가지 못해 문을 닫고 말았다. 이경손 스스로가 절망스러운 현실에서 벗어나고자 몸부림을 쳤지만 현실과 이상의 괴리감을 극복하는 데 어려움이 컸다.

카카듀가 문을 닫은 후 가산을 정리한 이경손은 임시 정부 일을 돕기 위해 중국 상하이로 건너갔다.[9] 물주가 되어 함께 운영을 한 미스 현도 그 후 소식이나 행방을 알 길이 없다. 조선인이 운영한 최초의 다방 카카듀도 별별 사연을 남기고 그렇게 사라졌다.

---

9    윤봉길 의사 의거로 신변이 위태로워지자 태국으로 건너간 이경손은 초대 한인회
     장을 지내고 국내 매체에 글을 기고하는 등의 활동을 하다가 1978년 생을 마감했
     다.

다방의 등장과 한국인 최초의 다방 '카카듀'

# 다방 르네상스 시대

이경손이 처음 문을 연 다방 '카카듀'를 시작으로 조선인이 운영하는 다방은 1930년을 선후로 늘어나기 시작했다. 카카듀가 문을 닫은 후, 종로 2가 YMCA 부근에 1929년 일본미술학교 도안과를 나와 화가와 영화배우로 활동하던 김인규와 배우 심영이 '멕시코'를 뜻하는 '메기시코' 다방을 개업했다. 다방을 개업할 때, 화가 도상봉과 구본웅, 사진작가 이해선, 무대장치가 김정환 등 주인과 알고 지내던 많은 예술가들의 손을 빌렸다. 일본 유학파인 이들은 내부는 어떤 분위기로 장식할 것인지, 테이블과 의자는 어디에 놓을지까지 조언했다. 당시 유행을 선도하던 예술가가 꾸민 다방이라는 소문이 알려지자 많은 예술가와 지식인이 이용하는 안방이 됐다.

'메기시코'는 처음에 커피와 차를 파는 다방으로 개업을 했지만, 서너 달 지나지 않아 색다른 양주를 메뉴판에 올렸다. 향이 뛰어난 진이나 위스키 등 당시 조선호텔 바에서가 아니면 맛보기 힘든 양주였다.[1] 그런데도 한 잔에 보통 30전에서 40전 정도로 저렴했다. 1930년대 《삼천리》 광고에도 '끽다·향미양주喫茶·香味洋酒'를 홍보하며, 커피만 마시는 장소가 아니라 향이 뛰어난 다양한 양주를 갖추고 술집도 겸한다는 내용을 알렸다. 다방과 술집을 겸한 메기시코의 이러한 상술은 다방이 자리 잡는 과정에서 마진을 높이려는 고육지책으로서 전혀 놀랄 일이 아니었다.

'끽다·향미양주'라는 유혹 때문인지 '메기시코'에는 수많은 문인과 배우, 언론 종사자가 드나들었다. 당시 조선 문단을 대표하는 춘원 이광수는 물론이고, 극단 토월회土月會 출신의 배우 복혜숙, 〈조선일보〉 기자로 음악 평론을 하는 홍종인, 〈매일신문〉 기자 김을한 등이 제집 드나들 듯했다.

1    이봉구, 〈한국 최초의 다방-카카듀에서 에리자까지〉, 《세대》, 1964년 4월호, 340쪽.

여기에 이름이 채 알려지지 않은 가난한 문인들과 예술인들이 가세해 때론 외상 커피와 술을 마시며 밤늦게까지 토론하는 장소가 됐다. 이들은 모두 을사늑약과 국권 피탈 전후에 태어난 소위 모던 보이, 모던 걸 지식인이었다.

김인규 역시 큰돈을 벌겠다는 생각보다는 이들에게 만남의 장소를 제공하고 더불어 소통하는 즐거움으로 다방을 운영하는 모습이었다. 하지만 시대가 시대인 만큼 어려움도 많았다. '메기시코'가 신문 기자와 문인이 자주 드나드는 장소가 되자 급기야 일본 고등계 형사들이 다방을 드나드는 사람들을 요주의 인물로 감시하기 시작했다. 이곳을 드나드는 이들의 사상이나 경향을 조사하고 감시하는 일이 잦아졌다. 김인규도 허구한 날 이들에 대한 신분 조사 명목으로 경찰서에 불려 다니면서 다방 운영이 어려워졌다. 밤늦게까지 문인과 예술가, 지식인이 모여 앉아 토론과 대화를 이어 가던 풍경은 결국 오래가지 못했다. 커피와 향기로운 양주를 팔던 '메기시코' 다방의 낭만은 개업 2년 만인 1931년 8월에 짧게 끝나고 말았다.

'카카듀'나 '메기시코' 다방의 단명에서 보듯 다방 운영이 무척 어려운 시절이었다. 하지만 이에 아랑곳하지 않고

1930년대 들어 다방이 줄줄이 생겨나기 시작했다. 1932년 동경미술학교 출신의 공예가 이순석은 당시 하세가와초長谷川町로 불리던 소공동에 '낙랑파라樂浪parlour'를 개업했다. 낙랑파라의 '파라'는 응접실, 거실을 뜻하는 단어 'parlour'의 일본식 표기로, 일본에서는 과자와 음료수, 차를 파는 음식점을 일컫는 말이었다. 벽돌로 쌓은 벽에 유리창이 있는 2층 건물로 다방 위층은 화실로 꾸며 놓고 이순석이 틈틈이 그림을 그렸다.

낙랑파라는 입구에 남양南洋에서 온 듯한 파초가 있고, 안에는 슈베르트 등의 음악가와 배우 사진, 반나체의 여인 초상화가 벽에 걸려 있어 이국적이면서도 편안한 분위기를 풍겼다.

이국적 분위기에서 커피를 마시며 축음기에서 흘러나오는 음악을 감상할 수 있는 편안한 공간이다 보니 낙랑파라는 경성의 핫 플레이스가 됐다. 이곳을 찾는 이들은 주로 문인, 화가, 음악가가 많았으며, 이상·박태원 등 구인회[2]九人會 회원

---

2    1933년 8월 프롤레타리아 문학에 대항하여 순수 문학의 발전을 목표로 결성된 문인 단체. 이종명과 김유영의 발기로 김기림, 유치진, 이효석, 이무영, 이태준, 정

들과 구본웅·길진섭 등 목일회木日會[3] 회원들이 단골이었다.

낙랑파라는 일자리가 없는 사람들도 음악으로 오늘을 달래며 앞날을 고민하는 곳이었다. 소설가 박태원이 1934년 8월 1일부터 〈조선중앙일보〉에 연재한 '소설가 구보씨의 일일'에서 낙랑파라의 분위기를 읽을 수 있다.

"다방의 오후 2시, 일을 가지지 못한 사람들이 그곳 등의자에 앉아 차를 마시고 담배를 태우고, 이야기를 하고, 또 레코드를 들었다. 그들은 거의 다 젊은이들이었고, 그리고 그 젊은이들은 그 젊음에도 불구하고, 이미 자기네들은 인생이 피로한 것같이 느꼈다."

지용, 조용만 등 9인이 결성했다. 발족 후 얼마 지나지 않아 이종명과 김유영, 이효석이 탈퇴하고, 박태원, 이상, 박팔양이 가입했다. 그 후 유치진, 조용만이 나가고, 그 자리에 김유정, 김환태가 들어가며 구인회 회원 수는 언제나 9명을 유지했다.

3   1934년에 조선 총독부의 보수적 미술 경향에 대항하는 서양 화가들이 중심이 되어 결성한 미술 단체. 아방가르드풍의 서양 작품을 지향하며 1939년까지 활동했다. 구본웅, 길진섭, 김용준, 김응진 등이 주축이 되어 활동했다.

커피, 이토록 역사적인 음료

낙랑파라는 문인들이나 예술가들이 취향과 감수성을 공유하는 곳이었지만, 오후가 되면 일자리가 없는 청년들이 모이는 곳이었다. 이들은 나름 낙랑파라 최애 음료를 주문해 놓고 천천히 마시면서 앞날을 고민했다. 너무 일찍 인생에 피로함을 느끼는 청년들에게 다소나마 위안을 주는 곳이었다. 낙랑파라에는 커피와 홍차, 아이스크림 외에 일본 유산균 음료인 칼피스 등이 있었다. 커피나 홍차는 10전이었고, 칼피스와 파피스, 아이스크림 등은 15전 정도였다. 하루 종일 일해야 70~80전을 받는 노동자들에게도 벅찬데 일자리가 없는 청년들에게는 부담이 됐을 것이다.

낙랑파라에선 미술 전시회, 명곡 연주회, 출판 기념회 같은 행사가 자주 열렸다. 주요한·임화·김억·김상용·이태준·정지용 등 당대 문인들이 주축이 되어 러시아 소설가 이반 세르게예비치 투르게네프를 추모하는 50주기 기념제를 열었으며, 매주 두 차례 정도 명곡 연주회와 '괴테의 밤' 같은 모임도 열었다.[4]

훗날 서울대 미대 교수가 된 이순석은 낙랑파라에 대해

---

4    '투르게네프 50년祭 기념', 〈조선일보〉, 1933년 8월 22일자.

"프랑스 파리에 유행했다는 살롱과 비슷해서 문인, 화가 등 예술가나 예술가 지망생들이 주로 모여 고전 음악을 감상하면서 예술을 논하고 작품 구상을 하는 등 일종의 예술가들의 집회소 구실을 했다"라고 회고했다.[5]

경성의 고급 다방 시대를 열었던 이순석은, 다방 경영이 시원찮았는지, 아니면 공예에 대한 더 큰 꿈이 있어서였는지 알 수 없지만, 1935년이 지나자 낙랑파라를 영화배우 김연실에게 넘겼다. 김연실은 곧바로 가게 이름을 '낙랑'으로 바꿨다.

그는 단순히 커피와 차를 파는 것만으로는 손님을 끌기 어렵다는 사실을 알았다. 이를 위해 김연실은 낙랑이 커피와 차를 마시는 공간이기도 하지만, 영화배우나 음악가, 문인이 모여 예술을 이야기하는 공간이 되도록 했다. 김연실이 나운규의 영화 〈아리랑〉(1926)의 주제가 '아리랑'을 부르고, 〈임자 없는 나룻배〉(1932), 〈종로〉(1933), 〈청춘의 십자로〉(1934)와 같은 영화에서 인기를 얻은 탓에 낙랑은 영화배우와 대중 가수, 지망생들이 많이 모이는 인기 장소가

5    '노교수와 캠퍼스와 학생 141', 〈경향신문〉, 1974년 3월 11일자.

됐다. 배우 나운규, 문예봉과 영화감독 김유영, 박기채를 비롯해 이광수·김팔봉·정지용·모윤숙·노천명 등의 문인들이 단골로 드나들었다. 가까운 곳에 위치한 오케와 빅타, 컬럼비아레코드 소속의 가수들과 문예부 직원들도 이곳에 모여 일과 음악을 논했다.

김연실은 낙랑이 명곡을 감상할 수 있는 곳임을 지속적으로 알렸다. 입구와 창문에 모던한 여성의 얼굴 그림과 함께 '끽다喫茶'보다 앞에 '명곡名曲'을 배치하며 자연스럽게 음악을 감상하는 다방이라고 홍보했다. 다방 안쪽 벽에도 모차르트와 슈베르트 같은 음악가 사진을 걸어 고전 음악 감상실의 매력에 흠뻑 빠져드는 분위기를 연출했다. 때로는 서양 미술 작품을 걸어 커피와 어울리는 화랑 분위기가 나게 했다. 대중 잡지《삼천리》에 광고를 내면서 '명곡·끽다'로 홍보하는 것에서 알 수 있듯이 명곡을 우선시했다. 다방에서 커피와 차는 기본이니 고상한 음악을 내세워 승부하겠다는 것이었다. 지금으로 치자면 다방 브랜드 고급화 전략이었다. 낙랑은 음악 애호가는 물론 음악 감상에 빠져든 젊은 층부터 나이든 사람들까지 널리 사랑을 받았다. 낙랑은 이렇게 커피와 함께 표출하던 문화적 취향을 꿰뚫으며 수지 타산을 맞춰 가는 다방이 됐다.

# 문인들의 아지트가 된 이상의 '제비' 다방

'낙랑'을 자주 드나들면서 문인이나 예술가와 거리낌 없이 어우러지는 분위기를 잘 아는 시인 이상도 1933년 7월 종로 1가에 '제비'라는 이름의 다방을 열었다.

이상이 다방을 차린 건 뜻밖이었다. 그는 경성고등공업학교 건축과를 졸업하고 조선 총독부 내무국에서 건축과 기수로 일하면서 1930년 《조선》지에 장편 소설 '12월 12일'을 연재하며 문단에 데뷔할 만큼 다재다능했다. 1931년 공사 현장에서 갑자기 각혈을 하며 쓰러지면서부터 폐결핵 투병이 시작됐다. 건축 일을 그만두고 온전한 건강을 찾기 위해 1933년에는 황해도로 요양을 떠났으나 쉽지 않았다. 당시에는 폐결핵이 무척 치료가 어려운 병이었다. 황해도로 요양을 떠난 이상은 어느 날 병세가 호전되기라도 한 듯 서울로 돌아왔다. 요양을 하던 온천에서 만난 기생 '금홍'과 동행했다. 자신의 삶이 오래가지 못할 것을 예견했는지 다방을 차려 그곳에서 자신의 꿈을 하나씩 이루고자 했다. 어쩌면 자신보다 두 살 어린 스물한 살의 기생 금홍이 부추겼을 가능성도 컸다.

이상에게는 사업 자금도 충분했다. 몰락한 양반으로 이상을 입양해 엄격하게 교육한 큰아버지가 1932년 세상을 떠나면서 이상도 유산을 받은 것이다. 이 돈으로 1933년 7월 청진동에 연 다방이 바로 '제비'였다. 지금의 '그랑서울' 빌딩이 들어선 곳이다.

감각이 뛰어난 건축가답게 이상은 제비 다방의 안팎 하나하나를 직접 설계했다. 다방 내부의 모든 벽면을 흰색으로 칠했는가 하면 벽면은 탁 트인 전면 유리로 거리와 오가는 사람들을 한눈에 볼 수 있게 했다. 다방은 공간감과 시각적인 느낌이 물씬 배어났다. 요즘 대세인 어닝 선룸 커피숍처럼 개방감을 살린 디자인이었다.

그 당시로는 파격적인 외양에 모던하고 간결한 실내 디

자인을 갖춘 제비 다방은 문을 열기 전부터 입소문이 자자했다. 이상은 당연히 금홍을 마담으로 앉히고 다방을 운영했다. 다방에는 모던 보이와 모던 걸의 발길이 이어졌는가 하면, 고상한 운치를 즐기는 예술인들, 멋깨나 부리는 이들이 몰려들었다. 1933년 8월 문단의 중견 작가 9명이 모여 순수 문학을 추구하는 친목 단체로 구인회를 조직하면서 제비 다방은 이들의 아지트가 됐다. 당시 이 다방의 단골손님으로는 이상과 절친한 소설가 김유정을 비롯해 '소설가 구보씨의 일일'로 유명했던 박태원, 화가 구본웅 등이었다. 박태원은 다방 문턱이 닳도록 드나들며 이상과 모더니즘과 실험 정신 등을 이야기했다. 다방에서는 시화전이나 낭독회, 즉석 문학 대담이 열렸다. 수많은 예술인과 문학도가 단골이 되면서 토론회와 출판 기념회 등의 행사도 자주 열렸다. 프랑스어로 '사교 모임'을 뜻하는 살롱Salon처럼 제비 다방은 남녀노소, 신분, 직위와 상관없이 모두가 대화하고 토론하는 공간이 됐다.

하지만 1930년대 중반으로 갈수록 세상 돌아가는 모습은 흉흉했다. 1931년 만주 사변을 일으켜 승리한 일제는 본격적인 군국주의 체제로 전환하고, 조선 반도를 병참 기

시인 이상(왼쪽), 소설가 박태원(가운데), 시인 김소운(오른쪽). 1934~1935년 무렵에
찍은 것으로 추정된다. "아동세계를 간행당시의 편집실에서"라는
메모와 함께 세 작가 모습 아래 이름이 적혀 있다.
ⓒ연합뉴스

지화하면서 식민지 조선에 대한 지배 방식을 바꾸기 시작했다. 극소수를 제외하곤 일거리조차 없는 사람들이 많았다. 일부에서는 일본풍의 에로와 난센스에 빠져들어 푼돈을 벌어서 하루살이 인생을 살기도 했지만, 제정신이라면 다방을 드나들기도 어려웠다. 팍팍한 주머니 사정으로 다방에 죽치고 앉아 10전 정도 되는 커피를 마시며 삶의 고단함을 달랠 여유가 없었다.

박태원은 '소설가 구보 씨의 일일'에서 실업자 청년 구보가 머무는 다방에서의 고단함을 그렸다. "인생에 피로한" 젊은이의 모습을 〈조선중앙일보〉에 연재한 때가 1934년이었는데, 그 젊은이들이 지탱하던 다방의 모습은 오늘날 커피숍에서 노트북을 펼쳐 든 청년들의 모습과 같았다.

결국 제비 다방도 경영난에 허덕이다가 개점 2년이 되는 해인 1935년 문을 닫고 말았다. 금홍도 여름이 되자 어디론가 훌훌 떠났다. 이상이 봄소식을 알리는 지표 동물인 제비처럼 '제비' 다방에서 봄을 기다렸지만 그가 기다리던 봄은 오지 않았다.

이상은 여기서 그치지 않고 1935년 다시 지금의 인사동 자리에 있던 '쓰루つる·鶴'를 인수해 운영했으나 역시 오래

가진 못했다. 이어 종로 광교 부근에 개업하려고 했던 '식스 나인69' 다방은 이름에서 연상되는 문자가 외설적이라는 진정이 이어지면서 결국 허가가 취소됐다. 여기서 멈추지 않고 이상은 메이지초明治町, 지금의 명동로 자리를 옮겨 '무기麥' 다방을 내 실패를 만회하려 했으나 이 또한 뜻대로 되지 않아 접어야 했다.

이상은 건축가로 시작해 시인, 소설가, 수필가, 화가 등 모든 예술 분야에서 독보적인 천재였지만 경영에 있어서는 그렇지 못했다. 자신도 이를 받아들이지 못해 훗날 단편 소설 〈날개〉에서 "하늘에서 얼마라도 좋으니 왜 지폐가 소낙비처럼 퍼붓지 않나? 그것이 그저 한없이 야속하고 슬펐다"라고 하소연할 정도였다. 그러면서도 "나는 그래도 경성역을 찾아갔다. 빈자리와 마주 앉아서 이 쓰디쓴 입맛을 거두기 위하여 무엇으로나 입가심을 하고 싶었다. 커피! 좋다"라고 했다.

이상은 다방에서 "쓰디쓴 입맛"을 거두지 못했다. 1936년에 발표한 단편 소설 〈날개〉에서는 자신에게 잠재된 절망을 표출했다. 이 소설에서 그려진 매춘부의 기둥서방으로 사는 남자의 자폐적인 일상이나, 음울하게 그려진 무기력한 주인공의 모습은 다방 운영에 쓴맛을 본 자신이 아니었을까. 소설 마지막에 주인공이 크게 "외쳐 보고 싶었다"라는 말은 그가 이루지 못한 꿈에 대한 무한한 집착이기도 했다.

> 날개야 다시 돋아라.
> 날자. 날자. 날자. 한 번만 더 날자꾸나.
> 한 번만 더 날아 보자꾸나.

이상은 1936년 일본으로 훌쩍 떠났다. "한 번만 더 날아 보자꾸나" 하며 도쿄를 새 출발의 발판으로 삼으려 했으나 폐결핵이 도지고 말았다. 자신의 처지를 비관한 이상은 경성으로 다시 돌아가려다가 자포자기하며 홀로 은거해 버렸다. 그로부터 2년 후인 1937년 2월 그는 불령선인不逞鮮人, 사상 불온 혐의으로 체포됐으나 병보석으로 풀려났다. 그리고 같은 해 동경제국대학 부속 병원에서 4월 17일 27세라는 젊은 나이에 숨을 거두었다.

이상은 젊은 나이에 폐결핵 환자로 불행하게 살다가 객사했다. 그러나 그는 선구적인 모더니즘 작가로 다방을 시대 속에서 쌓인 갈증과 근원적 결핍을 달래는 안식처로 만들고자 했다. 다방에 대한 그의 편력은 이루지 못한 꿈에 스스로가 무너지지 않았음을 표현한 몸부림이라고 할 수 있다.

1930년대는 '카카듀'와 '메기시코', '낙랑'에 이어 '제비'가 가세하면서 다방 르네상스 시대를 열었다. 다방은 예술인들과 지식인들이 일제 강점기라는 시대를 살아가면서 쌓인 목마름과 근원적 불완전성을 충족하는 아지트였다. 다방을 운영하는 이들 역시 문인이나 예술가가 많았다. 다방이 단순히 커피를 마시는 공간이 아니라 문화 공간으로 발전해 온 데에는 운영자들의 영향력이 컸다.

굳이 이상의 영향 때문만은 아니어도 충무로와 명동, 종로와 소공동 일대에는 나름 개성을 지닌 다방들이 속속 개업했다. 극작가 유치진도 소공동에 '프라타나'를, 연극배우이자 영화배우 복혜숙이 인사정인사동에 '비너스'를 열었다. 토월회에서 배우로 활동하던 연학년도 명동에 러시아식 다방인 '트로이카'를 열었고, 음악 평론가 김관이 소공동에 음악 전문 다방인 '엘리사'를, 영화감독이자 시나리오 작가인 방한준이 명동에 '라일락'을 열었다. 이밖에도 소공동에

138

불란서 취미와 함께 커피를 판다고 홍보한 '나전구羅甸區'와 프랑스 양식을 파는 '미모사', 독일풍의 '윈' 다방이 문을 열었고, '하리우드', '오리온', '백룡', '아리랑' 등의 다방이 생겨났다.

다방은 '카카듀', '메기시코', '프라타나' 등의 외래어 상호에서 드러나듯이 외래 문물의 표상이었다. '모던'이라는 이름으로 일상이 요동치면서 곳곳에 우후죽순 이국적인 이름의 다방이 들어섰고, 고상하게 음악을 들으며 차를 마시는 곳으로 자리 잡기 시작했다.

소설가 현민은 1930년대 후반의 다방을 일컬어 "차를 파는 다방"과 "차를 마시고 기분을 파는 다방"으로 구분했다.[1] 차를 파는 다방과 차와 더불어 기분을 파는 다방의 개성도 운영하는 주인이 누구이고 취향이 어떤지에 따라 정해지기 마련이었다.

다방끼리의 경쟁이 치열해지면서 다방은 커피를 마시며 이야기하는 공간에서 벗어나 술도 파는 바처럼 운영되기 시작했다. 이런 곳은 '여급'이라는 여자를 두고 맥주와

---

**1**　현민, 〈현대적 다방이란〉, 《조광》, 1938년 6월호.

문인들의 아지트가 된 이상의 '제비' 다방

양주 등의 술 시중을 드는 홍등가와 같았다. 당시 경성의 공기를 환락으로 흐리게 하는 여급은 무려 천 명에 이르렀다. 아무리 다방 경영을 위한 고육책이라고 해도 일본 카페를 모방한 이러한 모습은 식민지 경성의 쓸쓸한 풍경이었다.

# '얼죽아'의 시작,
# 모던 보이와 모던 걸

2023년 2월 프랑스 통신사 〈AFP〉가 한국인의 커피 문화 중 하나인 '얼죽아'를 'Eoljukah'라는 영문으로 소개하며 집 중 조명을 한 적이 있다. '얼죽아'는 '얼어 죽어도 아이스 아메리카노'의 준말로, 날씨에 개의치 않고 아이스 아메리 카노만을 마시는 사람들을 일컫는 신조어다. 한겨울 맹추 위에 추워서 얼어 죽을지언정 아이스 아메리카노를 포기 하지 않는 한국인의 '얼죽아' 문화를 소개한 것이다.[1]

---

1   'Un café si froid qu'il réchauffe: l'amour de la Corée du Sud pour
    l'americano glacé', https://www.france24.com, 2023년 2월 10일.

## Un café si froid qu'il réchauffe: l'amour de la Corée du Sud pour l'americano glacé

Emmitouflée dans une doudoune jusqu'aux chevilles, Lee Ju-eun, employée de bureau, grelotte sur un trottoir du centre de Séoul en serrant son café glacé pendant la vague de froid polaire. / JUNG YEON-JE / AFP

한국의 '얼죽아' 문화를 소개한 AFP.
ⓒAFP 기사 화면 캡처

또한 방탄소년단의 멤버 슈가도 아이스 아메리카노를 즐긴다며, 한국의 드라마와 K-팝 인기가 높아지면서 외국에도 아이스 아메리카노가 자연스럽게 알려졌다고 했다. '얼죽아'는 물론 아이스 아메리카노의 줄임말인 '아아Ah-Ah'를 누리는 한국 청년들의 인터뷰까지 담았다.

주변을 돌아보아도 그렇다. 한겨울에 두툼한 패딩을 입고 손을 호호 불면서도 따뜻한 음료보다도 아이스 아메리카노를 즐기는 이들이 더 많다. 이들은 차가운 얼음을 띄운 아메리카노를 마시고 얼음을 바드득바드득 깨물어 먹기까지 한다.

통계를 살펴보면 더욱 확실하다. 2022년 스타벅스를 이용한 10명 가운데 7명 이상이 아이스 음료를 구매했다. 겨울에도 스타벅스에서 팔리는 아이스 아메리카노의 비중이 50퍼센트를 넘어섰다. 다른 커피 브랜드도 마찬가지다. 할리스 커피의 2023년 1월 커피 소비 트렌드 분석을 보면, 강추위가 몰아친 1월에도 아이스 아메리카노 판매량이 55퍼센트로, 뜨거운 아메리카노 45퍼센트에 비해 10퍼센트포인트 차이를 내며 압도적 1위를 차지했다. 연령대별로 보아도 40대 이후에는 뜨거운 아메리카노를 즐기는데 반해, 10대에서 30대까지는 아이스 아메리카노를 확연하게 선호했다.[2] '뜨아뜨거운 아메리카노'가 '아아'를 넘보지 못하는 세상이 된 것이다. 이 정도라면 아이스 아메리카노가 어느새 국민 음료로 자리매김했다고 할 수 있다.

그런데 한국인의 유별난 '아아' 사랑은 오래 전에 시작됐다. 아이스 아메리카노의 원조인 아이스커피는 1920년대 경성 시내에 빙수집과 다방, 카페 등이 들어서고 이를 즐기는 모던 보이와 모던 걸이 등장하면서부터 생겨났다.

소위 '혼부라'당의 음모가 1930년 녀름에는 더욱 노골화하야 진고개 차집, 빙수집, 우동집, 카페-의 파루스름한 전등 아래에 백의껄의 사나희와 사나희의 날개에 가리워전긔 류성기 소리에 맞추어 눈썹을 치올렷다 내렷다 하며 새소리 가티 바르르 떠는 소래로군. 노래를 한다. 칼피스, 파피스도 조커니와 잠 오지 안케하는 컵피에도 '아이스컵피'를 두 사람이 하나만 청하여다가는 두 남녀가 대가리를 부비대고 보리줄기로 쪽쪽 빠라먹는다. 사랑의 아이스

2    할리스 공식 홈페이지 www.hollys.co.kr, 검색일 2023년 3월 12일.

커피, 이토록 역사적인 음료

컵피-이집에서 아이스컵피-저집에서 아이스컵피-그래
도 모자라서 일인들 뻔으로 혀끗을 빳빳치펴서 '아다시!
아이스고히가, 다이스키, 다이스키요!(전 아이스커피가 좋아요,
좋아)', '와시모네-?(나도 그래)' 혼부라당 백의(白衣)껄이 아니
라 제 밋천 드리고 다니는 마네킹껄이 이것이라면 머릿속
은 텡비여도 자존심 만흐신 그들은 필작 노할 게로군-[3]

1930년 여름 모던 경성 진고개<sub>오늘날 충무로, 명동</sub> 일대 번화
가의 풍경은 이채롭다. 서구식 용모와 옷차림으로 꾸민 청
춘 남녀가 자유연애와 낭만을 만끽하며 커피를 마시는 모
습을 풍자하고 있다. 도쿄 번화가 긴자銀座 거리를 배회하
는 일본의 모던 보이, 모던 걸을 '긴부라ぎんぶら'라고 했듯
이, 혼마치本町를 방황하는 이들을 '혼부라ほんぶら'라고 불
렀다.

진고개 들머리부터 좌우로 빽빽하게 들어선 상점들은
휘황찬란했다. 이리저리 활보하는 혼부라의 눈길을 현혹
한 것은 찻집, 빙수집, 우동집, 카페 등이었다. 빙수와 커

---

**3** 안석주, '1930년 녀름', 〈조선일보〉, 1930년 7월 16일자.

'얼죽아'의 시작, 모던 보이와 모던 걸

피, 우동 등은 1920년대 들어 떠오르는 음료이자 간식이었다. 서양식 모자를 쓰고 나팔바지를 펄럭이는 청춘남녀들은 새 유행을 맛보기 위해 거리를 활보했다. 걷다가 지치기라도 하면 카페에 들어가 커피 한 잔이나 빙수 한 그릇에 고단함을 녹였다.

요지경 같은 진고개에는 마주치는 게 사람이었지만 전에 못 보던 음식도 많았다. 일본 상인들이 일본에서 들여온 최신 빙삭기로 갈아 만든 빙수가 인기를 끌었다.[4] 한강에서 채취한 얼음을 잘게 깨서 만들어 먹던 빙수가 눈꽃처럼 부드러운 맛으로 진화했다. 여기에 딸기, 오렌지, 바나나와 같은 과일즙이나 시럽 등을 넣어 손님을 끌어들였다. 이를 본 조선인도 뒤늦게 진고개 어귀 밖에서 빙수 노점상에 뛰어들었지만 자본이 월등한 일본인의 적수가 되지는 못했다.

'모던'의 성지와도 같은 진고개를 거닐며 새로운 문물을 받아들이고 소비하는 모던 커플에게 아이스커피는 인기 메뉴였다. 그러나 혼부라를 바라보는 기성세대의 시선

---

4    주영하, 《백년식사》, 휴머니스트, 2020, 68쪽.

커피, 이토록 역사적인 음료

은 곱지 않았다. 이들이 유성기 소리에 맞춰 온갖 폼을 잡고 노래를 부르든 찻집을 드나들든 무슨 짓을 해도 눈에 잔뜩 거슬릴 뿐이다. 심지어는 둘이 머리를 맞대고 다정하게 커피 한 잔을 즐기는 모습조차 "대가리를 부비대고 보리줄기로 쪽쪽 빠라먹는다"라고 비꼬았다. 일본어를 쓰며 새로운 유행인 아이스커피를 마시는 모습을 기성세대는 속이 텅 빈 마네킹 걸처럼 여기며 꼴사납게 본 것이다. 당시 갑자기 등장한 모던 풍속을 바라보는 불편한 심기가 드러난다.

그럼에도 불구하고 새로운 문물을 받아들여 향유하는 세대가 즐기는 변화의 물결은 막지 못했다. "이집에서 아이스컵피-저집에서 아이스컵피"라는 표현처럼 아이스커피는 당시 다방에서도 핫한 메뉴 가운데 하나였다. 자유연애를 꿈꾸는 모던 보이와 모던 걸에게는 '사랑의 아이스컵피'였다. 1919년 일본에서 들어와 '첫사랑의 맛'이란 광고로 인기 음료가 된 칼피스도 있지만, 이들에게는 몸에 좋다는 칼피스는 물론 파피스, 시트론, 라무네레모네이드, 평야수平野水와 같은 탄산수도 시원하고 달달한 맛이 되지 못했다. 아이스커피는 이렇게 근심 어린 시선 속에 유행하기 시작했다. 이때부터 일본식 영어인 '아이스커피'도 'iced coffee'라는 올바른 영어를 뒤로한 채 정착했다.

사실 뜨거운 커피에 얼음을 넣어 마시는 아이스커피에서 100년의 시간을 이어온 아이스 아메리카노의 전통은 하루아침에 이루어진 게 아니다. 예로부터 지금까지 찬물을 지극히도 좋아한 우리의 오래된 문화의 결과물이다.

얼음을 채취해 저장하는 일은 삼국 시대 신라 때부터 있었다. 《삼국사기》를 보면, 신라 지증왕 6년505년 11월에 빙고전氷庫典이라는 얼음 저장을 담당하는 기관에 명하여 처음으로 얼음을 저장하게 했다.

조선 시대 《승정원일기》에는 영조 14년1738년에 석빙고石氷庫를 축조해 겨울에 채집한 얼음을 여름철에 사용할 수 있도록 장기간 보관했으며, 왕실 음식의 저장이나 식용으로 사용했다. 무더위가 기승을 부리는 한여름에 왕가에서 얼음을 넣어 냉차를 마신 기록도 있다. 조선 시대 이후에도 현대까지 냉장고가 나오기 전에는 한강의 얼음을 잘라 식용으로 쓰기도 했다.

예나 지금이나 여름이면 '열은 열로 다스린다'는 '이열치열以熱治熱'로 음식을 먹었는가 하면, '이냉치냉以冷治冷'으로 약재를 달여 만든 음료를 식혀서 마시거나 차갑게 마셨다. 음식 온도에 대한 개념도 더 차갑고 뜨거운 걸 좋아하다 보니, 서로 연결이 되어 차가운 걸 먹거나 뜨거운 걸 먹어도 "시원하다"라고 말한다. 여기서 '시원하다'는 말은 온도의 높낮이가 아니다. 차가운 걸 먹든 뜨거운 걸 먹든 몸에 변화가 생겨나 기운이 잘 통하게 된다는 뜻이다. 뜨거운 걸 먹어도 시원하고 차가운 걸 먹어도 시원하다고 알며 자라다 보니 평소에도 찬물을 즐겨 마시는 습관이 자연스러워졌다. 한겨울에 얼음 동동 띄운 동치미를 자연스레 즐겨온 음식 문화도 한몫했다.

아이스 아메리카노와 같은 냉커피는 모든 나라에서 즐기는 음료가 아니다. 이탈리아를 비롯해 유럽에는 에스프레소에 얼음 3~4개를 잘게 부숴 넣은 카페 프레도Cafe Freddo가 있고, 에스프레소에 부순 얼음을 채워 넣고 아이스크림을 얹은 후 휘핑크림과 초코 가루로 마무리하는 카페 플라페Cafe Flappe도 있다. 중남미에는 얼음에 커피 음료를 갈아 만든 커피 프로스티Coffee Frostie도 있지만 얼음 덩어리를 가득 채우는 커피는 아니다. '사람 떠나고 차가 식었다人走茶涼'는 속어 때문인지 중국 사람들은 항상 따뜻한 차나 커피를 마신다. 찬물을 즐겨 마시는 나라는 이 세상에 몇 나라 되지 않는다. 그중에 벌컥벌컥 마시는 나라는 우리나라밖에 없다. 그러니 아이스 아메리카노조차 생소한 외국에서 혹한에 두터운 패딩 점퍼를 입고 아이스 아메리카노를 들고 다니는 한국 사람을 보고 놀라지 않을 수 없다.

외신이 주목한 한국인의 '얼죽아' 사랑은 어릴 때부터 찬물이나 차가운 음식을 먹는 게 습관이 된 데서 비롯됐다. 그 습관에 날개를 달다 보니 열은 열로, 냉은 냉으로 통하게 하는 법을 몸에 익혔다. 국민 음료 아이스 아메리카노는 하루아침에 이루어진 게 아니다. '대가리를 부비대며'라는 따가운 눈총을 받으면서도 전통적, 봉건적 관습과 풍속에 저항하며 새로운 맛을 탐닉한 모던 보이, 모던 걸이 있어 가능했다.

# 카페인에 대한 궁금증과
# 인삼 커피의 탄생

조선 땅에 들어온 커피는 1920년대를 지나면서 급속히 퍼져 가정에까지 파고들었다. 당시에는 커피를 '카피'나 '가배', '가비'로 불렀으며, 쓴맛이 나는 서양 탕약이라고 해서 '양탕', '양탕국'이라고 했다. 이를 글로 쓸 때는 '珈琲가배', '茄菲가비' '加皮가피', '洋湯양탕' 등 음차한 한자로 표기했다.

커피를 마시는 사람들이 점점 늘어나면서 이 음료가 도대체 뭘까 하는 궁금증이 커져 갔다. 제아무리 문인들이나 예술가들처럼 유행을 아는 사람들이 마신다고 해도, 커피가 몸에 좋다느니 나쁘다느니 하는 말들이 끊임없이 돌았다. 지식인들 가운데는 어디서 알게 됐는지 커피에 든 카페인이 몸에 해롭다고도 했다. 그러다 보니 신문에도 커피의 효력을 알려 주거나 커피 끓이는 법 등에 대한 기사가 속속 등장했다.

1926년 〈동아일보〉에는 카페인이 몸에 유익하다는 기사가 실렸다.

"카–피가 사람의 몸에 유익한 영향을 주는 것은 그 가운데 함유해 잇는 카페인이라는 성분의 작용으로 말미암아서라고 합니다."[1]

믿을 만한 언론에서 카페인이 몸에 유익하다고 하자 커피는 빠르게 퍼져 나갔다. 카페인 이야기가 나올 무렵 경성에서는 커피 한 잔이 10전 정도였으며, 문인이나 화가들이 즐겨 찾는 이름깨나 있는 다방에서는 15전 정도 했다. 조선인 노동자가 하루 종일 일해야 60전에서 기껏해야 80전 정도를 받았으니 커피는 선뜻 마실 수 없는 비싼 음료였다. 커피를 "잠이 오지 않게 하는 음료"라고 몰아세우는

1    '카-피의 효력-유해성분 카페인은 몸에 유익', 〈동아일보〉, 1926년 9월 1일자 3면.

이들도 있었는데, 카페인이 '무죄'라고 하니 세간에서는 커피에 대한 관심이 점점 높아졌다.

커피를 가정에서 끓여 마시는 사람들도 늘어났다. 1927년 〈동아일보〉에는 '카피차 끄리는 법'이라는 제목의 글이 실렸다. 그때도 커피는 제철이 있었나 보다. 커피를 즐길 수 있는 계절이 가을이 지나면서 겨울이 오는 길목이라며 커피를 구입해 우려내는 방법을 친절하게 일러 준다.

"가을도 다되였고 겨울이 옵니다. 카피차 애용의 기절입니다. 오래지 아니한 것을 택하는 것이 필요합니다. 오래만 되지 아니하면 무슨 종류의 것이든지 다 좃습니다. 그리고 또 양철통에 너흔 것을 사거든 뚜껑을 여는 동시에 곳 습기 엄는 딴 그릇에 옮겨 담는 것이 가장 필요합니다. 그와 가치 하는 것이 취급 방법의 대일이라고 할 수가 잇습니다. 그리고 그다음에 주의할 것은 분량이나 일폰드의 카피는 사십인 분으로 되어 잇습니다. 고로 보통 한 사람 일회 분량이 삼몸메이니 차숫가락으로 갓북갓북 떠서 셋임니다. 한 사람 분을 만들어 먹는 것보다 이인 분 삼인 분 오인 분 륙인 분으로 만들어 먹는 것이 취급하기 편합니

카페인에 대한 궁금증과 인삼 커피의 탄생

다. 한 번 너흔 카피에 물을 갈아너어 가면서 여러 번 울려 먹는 사람이 잇슴니다마는 그것은 아조 잘못하는 것임니다. 번번히 카피 물을 갈아너어야 함니다. 번번히 랭수를 새로 끌려서 써야 함니다. 한 번 끌은 물을 다시 끌여서 쓰면 카피 향기를 다 쪼처버리게 됨니다.[2]

커피를 신선하게 보관하고, 인원수에 맞게 커피를 추출하는 방법을 소개한 내용은 지금과 크게 다르지 않다. 대충 내려도 좋은 맛이 날 법한데 한 번 끓인 물을 다시 사용하지 말라는 아주 전문적인 조언까지 한다. 1파운드의 커피를 넉넉하고 여유롭게 즐길 수 있는 방법을 알려 주고 있다.

당시 집에서 커피를 추출하는 방법은 주전자에 커피 가루와 물을 넣고 끓인 후 따라 마시는 방식이었다.

"굵은 커피로 차를 끄리랴면 커피 한 곱부를 주전자에 너코 계란 껍질을 정하게 씨처 너흔 후 더운 물 다섯 곱부를

---

2    '카피차 끄리는 법-카피의 분량은 얼마', 〈동아일보〉, 1927년 10월 27일 5면.

붓고 불우에 올려노하 끄릴 것이올시다. 한바탕 훨신 끌커
든 주전자를 나려노코 냉수 한 곱부를 부을지니 그러케 하
면 우에 뜬 커피는 아레로 가러안고 계란 껍질은 커피의
진을 다 빨어드려서 커피의 독특한 맛을 나게 합니다."[3]

입자가 굵은 커피를 주전자에 넣고 물을 부어 끓일 때
계란 껍데기를 넣어 향미를 높였다. 다 끓은 뒤에는 찬물
한 컵을 부어 물에 뜬 커피 입자와 커피를 분리했다. 가정
에서 끓이는 커피는 물론, 다방에서 제공하는 커피도 이런
식으로 그냥 블랙으로 마시거나, 설탕이나 우유를 넣고 마
시는 방식이었다. 주전자에 커피 가루와 물을 넣고 펄펄
끓인 '커피 탕'인 당시 커피는 말 그대로 '양탕국'이었다.

조선에서 커피를 즐기는 사람은 하루가 다르게 늘어났
다. 미국 선교사나 외교관, 무역상이 들여와 암암리에 팔
던 '맥스웰Maxwell' 커피도 공식 수입되어 시장에 유통되기
시작했다. 맥스웰 커피를 수입한 세창양행世昌洋行[4]은 1920

---

3    〈조선일보〉, 1926년 1월 21일자.
4    독일 상인 마이어(E. Meyer)가 1884년(고종 21) 인천 제물포에 설립한 최초의 외국인

카페인에 대한 궁금증과 인삼 커피의 탄생

년대 후반부터 '가정에서 즐기는 커피'를 내세우며 신문에 광고를 내거나 전단지를 배포하며 홍보를 시작했다. 위의 신문 기사에 등장한 양철통에 든 커피도 1파운드 분량의 맥스웰 커피일 가능성이 높다.

경성에 백화점이 문을 열면서 커피를 마시거나 구입할 수 있는 곳도 다양해졌다. 조선 최초의 근대식 백화점으로 1929년 혼마치에 문을 연 미츠코시三越 백화점 경성 지점이 1930년 10월 24일 백화점의 면모를 제대로 갖추고 영업을 시작했다.[5] 지금의 신세계 백화점 본점 자리에 지상 4층, 지하 1층으로 이전까지는 볼 수 없던 화려한 내부와 쇼윈도의 신상품들이 사람들의 눈을 사로잡았다. 옥상 정원의 식당 겸 다방은 금방 최고의 명소로 소문이 나 많은 사람들의 발길이 이어졌다. 이곳의 인기 메뉴는 1원 50전짜리 양식 세트와 70전짜리 한식 정식 세트, 15전 하는 원두커피가 인기였다. 굳이 식사를 하지 않아도 백화점 안팎

---

무역 상사로 조선에서 홍삼, 지금(地金) 등을 수출했고, 철기(鐵器), 인쇄 기계, 면포, 커피 등을 수입했다.

5    김병도 외, 《한국 백화점 역사》, 서울대학교출판부, 2006, 48~54쪽

경성 미츠코시 백화점 옥상 정원의 식당 겸 다방.

을 얼빠진 듯 돌아다니다가 커피 한 잔에 쉼을 얻는 소위 '혼부라'라는 청춘 남녀들의 단골 코스였다.

백화점 옥상 다방의 등장에 조선 사람들의 소비 문화에도 변화가 생겼다. 커피가 일상을 파고들었다. 계층에 제한이 있기는 했지만 아이쇼핑도 하고 확 트인 공간에서 커피를 마실 수 있는 여유를 누릴 수 있게 됐다. 가정에서도 커피를 즐기면서 건강에 대한 관심과 함께 보다 나은 커피에 대한 관심도 커졌다.

이를 놓칠세라 조선인삼원朝鮮人蔘園에서는 커피에 인삼을 섞어 만든 '인삼 커피Ninjin Coffee'를 출시했다. 당시만 해도 '닌진にんじん'이라는 단어는 조선 인삼을 뜻했다. 뜨거운 물에 타서 마실 수 있는 인삼 커피는 "문화생활에는 꼭 있어야 한다. 맛과 자양이 풍부한 커피가!!"라는 광고 문구처럼 큰 호응을 얻었다. 뜨거운 물만 있으면 손쉽게 타서 내놓을 수 있어서 손님 접대용으로 그만이었다.

더욱이 인삼 커피는 인삼과 커피의 모호한 맛을 상쇄하기 위해 '인삼 커피'라는 타이틀 앞에 '정력 증진精力增進'이라는 혹하는 문구를 넣었다. 인삼이 병후 허약이나 심신 허약, 노쇠 현상, 또는 원기가 부족할 때 좋다고는 알려졌

1930년대 인삼 커피 광고지.

으나 '정력 증진'은 용어부터 달랐다. 정력을 근심하는 이들에게 인삼 커피는 약이나 다름없었다.

인삼 커피는 조선을 방문한 일본인들도 귀국할 때 너나없이 잔뜩 챙겨 가는 큰 인기 상품이었다. 오래전부터 일본과의 교역 품목에 포함된 인삼은 허약 체질, 결핵, 중풍 등을 낫게 하고 천둥이나 지진에 놀란 사람들에게까지 기를 보충해 주는 효력이 있다고 알려졌다.[6] 일본인들은 인삼의 효능에 대해 익히 들어 왔기에 큰 기대감으로 인삼 커피를 구입할 수 있었다.

인삼이 남성 호르몬인 테스토스테론의 수치를 높여 원기를 회복하는데 좋다는 사실은 일찍부터 알려졌다. 1920년대부터 〈동아일보〉와 〈조선일보〉에 실린 인삼 광고는 인삼의 전통 한방 효능을 강조하는 내용이 많았다. 인삼과 녹용을 복합해 처방했을 때도 원기 회복에 좋다고 했는데, "유효 성분 카페인은 흥분제로 몸에 유익"하다고 알려진 커피와 배합한 인삼 커피의 인기는 훨씬 대단할 수밖에 없었다. 인삼 커피는 카페인의 쓴맛을 뒤엎을 만큼 정력을

---

6    김승일, 《인간을 지배한 음식 21가지》, 예문, 1995, 257쪽.

증진시킨다고 알려지며 불티나게 팔렸다. 인삼 커피를 판매하는 특약점도 인천, 부산, 대전, 군산 등지로 크게 늘어났다.

인삼 커피가 유명하다 보니 1930년대 혼마치 2정목에 있었던 조선 토산품 전문 백화점 조선관朝鮮館에는 인삼가배당人蔘珈琲糖이 다시 등장했다. 뜨거운 물을 부으면 녹는 가배당은 커피가 들어 있는 각설탕으로, 대한제국 시기 경성을 중심으로 유통된 일종의 인스턴트커피다. 1901년 6월 19일자 〈황성신문〉에도 진고개에 위치한 '구옥상전龜屋商廛'에서 포도주葡萄酒, 밀감주蜜柑酒, 모과木果, 전복全鰒, 우유 등과 함께 조선의 최신품으로 홍보할 정도로 일찍 알려졌다. 1930년대 조선관에서 홍보용으로 제작한 '경성안내도京城案內圖' 뒷면에는 조선관에서 판매하는 인삼, 금강산 특산품, 공예품, 직물류, 목제품, 식료품, 인형, 나전칠기 등의 기념품을 28개 항목으로 구분해 170개의 상품 목록과 가격이 표기돼 있다. 여기에는 가배당에 인삼을 가미한 인삼가배당이 있는데, 백당은 50전, 흑당은 1원 50전이라고 나와 있다.

커피가 몸에 좋다는 소문과 함께 다량으로 마시는 사람

카페인에 대한 궁금증과 인삼 커피의 탄생

들도 덩달아 늘어났다. 커피는 거의 만병통치약 수준이 됐다. 카페인의 약리 작용에 커피 찬가가 끊이지 않았다. 짧은 시간에 150잔 이상을 계속해서 마시지 않으면 몸에 좋다는 주장까지 등장했다.

"미국 뉴욕대학의 생리학자 '훼네' 교수의 말을 드르면 카피가 사람의 몸에 미치는 영향은 구십%의 사람에게는 무익무해하다고 합니다. 카피중의 잇는 카핀은 일종의 약들로 이것을 란용하면 낫븐 결과를 맷지만 카피를 과히 마시어 카핀의 해를 입는 것은 일백 오십잔 이상을 짧은 시간에 계속해서 먹는 경우라고 합니다. 실상 카피를 마시면 심긔가 상쾌하며 일시적이라도 긔갈을 면하게 하고 피로를 회복시키어 주는데 큰 효과를 가지고 잇습니다."[7]

카페인을 남용하면 부작용을 낳는다고 했는데, 150잔 이상을 짧은 시간에 계속해서 먹는 경우라고 했다. 카페인의 부정적 면보다 피로 회복에 좋은 '에너지 음료'라는 이

7    '만히 먹지 아니하면 커피는 무해하다', 〈동아일보〉, 1932년 4월 28일 4면.

커피, 이토록 역사적인 음료

름에 합당할 만큼 긍정적인 면을 보여 주는 내용이다.

1930년대에는 성별에 관계없이 여유가 있는 사람이라면 누구나 커피를 마실 수 있게 됐다. 다방을 벗어나 일반 가정에서도 커피를 즐길 수 있었다. 하지만 커피가 수입 식품이고 귀하다 보니 싼 가격으로 커피를 마실 수는 없었다.

1930년대 끝 무렵에는 커피 수입도 줄어들었다. 이후 일제가 중국 대륙을 침략하고 조선에서 경제 수탈이 심해지면서 시대가 어수선해졌다. 암울한 세상에 들리는 소식도 밝지 않았다. 카페인이 몸에 좋다며 커피가 원기 회복제 구실을 한다는 식의 기사도 뜸해졌다. 오히려 카페인이 해로울 수 있다는 내용이 흘러나오기 시작했다.

"카피나 홍차가 신경을 자극해서 흥분되는 것은 거기에 포함된 아르카로이드의 작용입니다. 아르카로이드는 대단복잡한 성질을 갖엇으니 카피의 경우에는 카페인, 홍차는 테인, 코코아는 테오푸로민이라는 종류로 나누어 잇습니다. 카피나 홍차가 요컨대 분량이 적은 경우에는 흥분제로 효과가 잇으나 아르카로이드 그 성분이 사람의 몸에는 전혀 불필요할 뿐 아니라 이것을 만히 계속적으로 사용하면 위와 내벽內壁이 마비되어 다른 성분은 받지 안코 혈압은 올라서 심장은 약해지므로 속히 노쇠해집니다. (중략) 얼골에 주름살이 잡힌다는 것도 허튼소리는 아니니까 젊은 아씨들께서는 특히 주의하실 필요가 잇습니다."[8]

엊그제까지만 해도 많이 먹지만 않으면 괜찮다는 식의 기사가 알칼로이드alkaloid 작용으로 위장을 망치고 노화를 앞당긴다는 식으로 바뀌었다. 젊은 여성의 미용에도 치명적이라는 내용도 덧붙였다. 식민지 조선의 화려한 겉모습 이면에 감춰져 있던 커피의 모순이 갑자기 드러난 느낌이다. 그러나 결론은 하나였다. 지나친 카페인 섭취는 해롭다는 것, 그 이상의 새로운 이야기는 없었다.

카페인에 대한 우려도 잠시, 1940년대에 들어서면서 경성의 다방에는 큰 위기가 닥쳤다. 1941년 일본이 진주만을 공습하면서 태평양 전쟁이 발발해 커피와 설탕 수입이 막혔기 때문이었다. 이로 인해 많은 다방에서는 커피 대신 민들레 뿌리나 치커리 등을 볶아 커피 대용으로 쓰면서 명

---

8    '카피와 주름살-너모 마시면 해로워요', 〈동아일보〉, 1939년 8월 29일자 5면.

커피, 이토록 역사적인 음료

맥을 겨우겨우 유지했다. 카페인에 대한 이야기도 관심에서 멀어져 갔다. 커피가 귀해지면서 다방은 폐업 직전의 상황에 몰렸어도 커피의 인기는 식지 않았다. 커피는 전쟁 말기의 어수선한 시국에 서서히 조선에 녹아들었다.

카페인에 대한 궁금증과 인삼 커피의 탄생

# PART III.

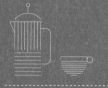

## '가난의 맛'에서

## '위로의 맛'으로

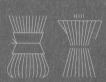

# C-레이션 커피,
# 인스턴트커피 시대를 열다

1945년 8월 15일 일본 제국이 패망하면서 한반도는 주권을 되찾았다. 하지만 광복 이후 1945년 9월 9일부터 1948년 8월 15일 대한민국 정부 수립까지 미 육군 제24군단 제7보병사단이 인천에, 제40사단과 제16사단이 부산과 목포로 들어오면서 조선 총독부로부터 한반도 이남의 행정권, 치안권 등을 이어받아 통치하는 미군정 시대美軍政時代가 시작됐다.

당시 38선 남쪽에 7만 명에 이르는 미군이 주둔하면서 책이나 음반 같은 대중문화 상품과 차와 커피, 콜라, 소시지 등의 식음료가 한국 문화에 상당한 영향을 끼쳤다. 미

맥스웰하우스와 힐스브로스

군 PX를 통해 미군들이 사용하는 제품이 흘러나오는 것은 흔하게 볼 수 있는 현상이었다.

한국인들이 인스턴트커피를 처음 맛보게 된 것도 미군정 시기였다. 일제 강점기에 모던 보이와 모던 걸이 커피를 마시고, 이상과 박태원과 같은 작가들의 작품 배경이 된 미츠코시 백화점은 미군 PX로 바뀌면서, 미국의 '맥스웰하우스Maxwell House', '힐스브로스Hills Bros' 등의 커피가 자연스럽게 전해졌다.

'맥스웰하우스'나 '힐스브로스'처럼 큰 캔에 들어있는 커피는 속칭 '나까마'라고 하는 브로커들이 군부대의 PX에서 빼돌린 것이었다. PX에서는 미군들에게만 제품을 팔았지만 이들은 커피나 화장품, 술과 음료, 심지어 수입 금지된 물건까지 빼내 시장에 공급했다. 나까마는 특정외래품판매금지법은 안중에도 없이 별의별 상표의 커피를 용케 구해 이를 활성화시켜 온 '숨은 공로자'처럼 행세했다.

한국인이 처음 인스턴트커피를 제대로 맛보게 된 것은 대부분 'C-레이션C-Ration'이라 불리는 미군 전투 식량을 통해서였다. C-레이션은 제2차 세계 대전 때부터 보급되기 시작한 전투 식량이다. C형 식량이라는 뜻의 C-레이션은, 조리가 필요한 일반 식재료인 'A-레이션'이나 야전에서 먹는 반조리 식량인 'B-레이션'과는 달리, 즉시 먹을 수 있는 개인별 전투 식량 꾸러미다.

흔히 C-레이션은 '유닛'이라 불리는 주석을 이용한 두 개의 녹색 통조림 깡통과 한 개의 액세서리 팩으로 구성돼 있다. 통조림 하나에는 조리 육류 혹은 육류와 야채가 뒤섞인 주식이 들어 있고, 다른 하나에는 빵과 디저트가 들어가 있다. 팩 묶음에는 비스킷, 액체 우유, 인스턴트커피, 설탕, 소금, 껌, 화장실용 휴지, 캔 따개 등이 포함됐다. 다

C-레이션 커피, 인스턴트커피 시대를 열다

제2차 세계 대전 당시 미군 병사들에게 공급된 C-레이션.
©U.S. Department of Defense

른 통조림에는 건빵과 커피가 들어 있다. 이렇게 칼로리 높은 음식으로 규격화한 C-레이션의 보급으로 미군은 제2차 세계 대전 때부터 기대 이상의 전투력을 발휘할 수 있었다. C-레이션 내용물 중에서 간편하게 마실 수 있고 오래 보관할 수 있는 인스턴트커피는 인기가 대단했다.

인스턴트커피는 1901년 일본계 미국인 과학자 가토 사토리Gato Satori가 시제품을 먼저 개발했다. 이보다 앞서 미국의 데이비드 스트랭David Strang이 처음으로 인스턴트커피

특허를 등록하기는 했으나 제품화하지는 못했다. 가토 사토리는 자신이 선보인 인스턴트커피에 '산타Santa'라는 이름을 붙였다. 이 커피는 커피 원두를 볶아 냉각, 분쇄한 후 증기나 열탕을 통과시켜 추출한 커피 원액을 다시 원심 분리기에서 입자를 제거하고 뜨거운 바람으로 건조시키는 방식이었다. 하지만 건조 과정에서 향이 사라지는 단점으로 인해 커피 애호가들에게 외면을 받았고 결국 상용화에 성공하지 못했다.

그 후 네슬레사가 분무 건조Spray Drying 기법을 이용해 '향을 보존할 수 있는' 인스턴트커피를 개발해 1938년 '네스카페Nescafe' 브랜드의 인스턴트커피를 출시했다. 그러나 제2차 세계 대전이 발발하면서 네스카페의 판매량이 바닥 수준으로 떨어졌고, 회사도 위기를 맞았다. 스위스 네슬레사 직원들은 전쟁을 피해 미국 코네티컷주에 있는 지사로 자리를 옮겨 일해야 했다. 그런데 여기서 네스카페 인스턴트커피가 미군 전투 식량 품목에 선정되면서 대박을 터뜨렸다. 미국 공장에서 생산된 100만 상자의 네스카페가 나가면서 출시 두 달 만에 1년치 판매량을 달성했다. 나중에는 제너럴 푸즈 General foods의 브랜드인 '맥스웰하우스'도 가세해 군용 커피

C-레이션 커피, 인스턴트커피 시대를 열다

를 납품했다.

미군정기의 C-레이션은 오래 보관하기도 좋고 영양분도 일정하고 열량도 제법 높았다. 하지만 전쟁 중이 아닌 상황에서 굳이 전투 식량에 딸린 커피를 마실 이유가 없었다. 더욱이 미군 부대에 물자가 풍부하다 보니 유통 기한이 임박해 폐기해야 할 것들이 많았다. 나까마는 이러한 정보를 이용하여 C-레이션 등 윗선에서 눈치채지 못 할 물건들을 빼돌려서 상인들에게 넘겼다. 미군이 주둔한 도시에는 소위 '깡통 시장'이 생겨났는데, 그 깡통이 바로 C-레이션 꾸러미를 해체한 것들이다. 작은 봉지의 인스턴트커피는 깡통 시장에서 여분의 인기 품목이었다.

커피는 이렇게 뒤로 유통되기도 했지만 미군이 국방 경비대 간부에게 지원한 C-레이션을 통해 유통되기도 했다. 대한민국 건국 이전에는 '군정 법령'에 따라 경비대 간부들의 봉급이 책정되어 지급됐으며 보급 부대가 편성됨에 따라 생활용품도 지원되기 시작했다. 그러나 고급 하사관 이상의 군인들조차 봉급만으로 생활이 어려워지자 군정

청에서는 이들에게 C-레이션을 배급해 생계를 지원했다.[1] 이때 군인 가족이나 친지, 이웃 사람들도 C-레이션에 들어 있는 인스턴트커피를 맛볼 수 있었다.

C-레이션에 포함되어 있는 커피는 물만 부으면 바로 마실 수 있는 인스턴트커피였다. 포트에 커피 가루와 물을 넣고 끓인 뒤 커피 입자가 가라앉기를 기다려 잔에 따라 마시는 이전까지의 커피와는 다른 획기적인 커피였다. 주전자에 커피 가루를 넣고 끓이고 거르고 따르는 과정이 줄어들다 보니 인스턴트커피는 커피의 일대 혁명과도 같았다. 어쩌면 새로운 커피 시대를 예고하는 것 같았다.

작은 봉지에 담긴 일회용 인스턴트커피는 이전까지 커피를 알지 못했던 사람들에게 충격을 주었다. 특히 일제강점기 다방이나 카페에서 커피를 마셔 본 적이 있는 어른들과는 달리, 낯선 커피를 처음 접한 어린 아이들에게는 호기심과 놀라움의 대상이었다. 커피를 타 먹는 방법을 몰라 병원에 실려 가는 아찔한 순간을 경험하기도 했다.

---

1    국가기록원 홈페이지 https://www.archives.go.kr, 검색일 2023년 3월 21일.

C-레이션 커피, 인스턴트커피 시대를 열다

"오래전 이야기다. 내가 초등학교 4학년 되던 해에 우리 나라가 일제의 압박에서 해방이 되었다. 광복과 동시에 미군들이 진주하여 처음으로 서양 문화를 접하게 되었다. 우리 꼬마들은 호기심에 미군 부대 근처를 찾아갔다. 보초를 서던 미군이 우리들에게 'C레이션'이라는 낯선 군용 야전 양식을 몇 통 주었다. 레이션을 뜯어 보고 그 안에 들어 있던 신기한 먹거리를 하나하나 챙겨 가면서 즐겼다. 그 안에서 처음으로 커피라는 것을 보게 되었는데 설명이 모두 영어로 되어 있었기 때문에 도무지 어떻게 먹어야 할지를 몰랐다. 친구들이 커피 봉지를 뜯어 맛을 보았는데 아주 썼다. 설탕이 함께 있는 것을 보면 타서 먹으라는 것인가. 머리를 굴려가면서 큰 냄비에 그 커피 가루를 넣고 열심히 끓였다. 쓴 한약같은 맛이었지만 낯선 것이라 너도나도 다투어 마셨다. 그후 우리는 병원에 실려갔다. 가슴이 콩닥콩닥 뛰고 숨도 가빠지고 두통도 나고…… 그 때 기억으로는 큰일이 날 것 같은 예감이었다."[2]

2    이근후, 〈미군이 준 C레이션 커피를 마시고 병원에 실려가다〉, 《월간조선》, 2003년 6월호, 605쪽.

한국 전쟁 당시 미군 전투 식량 C-레이션. 인스턴트커피와 설탕이 보인다.

　미군 부대에서 흘러나오는 C-레이션은 가난한 사람들에게 좋은 음식이었다. 해방 이후 물가가 폭등하고 식량이 부족해지면서 살림살이가 피폐해진 나라에서 C-레이션은 먹을 게 풍부하고 열량도 높아 인기가 높았다. 부대 주변의 어린이들은 초콜릿과 껌을 얻기 위해 "헬로, 기브 미 쪼꼬렛"을 연발하며 미군들을 졸졸 따라다녔다. 이따금 미군이 던져 주는 C-레이션 한 꾸러미를 받아 든 아이들은 더

C-레이션 커피, 인스턴트커피 시대를 열다

없이 행복한 표정이었다.

"커피 맛을 처음 본 것은 그보다 앞선 열다섯 살 때, 해방
되던 해였다. 바로 동네 초등학교에 미국이 주둔해 있었
다. 밀가루 등 구호물자로 허기는 면했어도 늘 입이 궁금
한 아이들은 부대 주변을 맴돌며 먹을 걸 달라는 시늉을
했다. 그렇게 해서 얻은 미제 군용 식량이 동네에 퍼져 온
갖 향긋하고 누릇하고 새콤달콤한 미제 물건의 맛을 알게
되었다. 나는 직접 먹을 걸 달라기엔 너무 커버린 나이였
지만 부대가 가까운 덕으로 조금씩 얻어먹어 본 것 중 작
은 봉지에 든 갈색 가루의 맛은 기가 막혔다. 코코아 가루
였던 것이다. 그러니 같은 맛이려니 하고 핥아 보니 기절
하게 쓴맛이 나는 게 있었다. 그게 바로 인스턴트커피 가
루 맛이었다."[3]

소설가 박완서는 C-레이션에 들어 있는 인스턴트커피
를 코코아 가루와 같은 것이려니 하고 먹었다가 "기절하게

---

3    박완서, '쓰고도 슬픈 커피맛', 〈경향신문〉, 1993년 11월 30일자 5면.

커피, 이토록 역사적인 음료

쓴맛"을 경험했다. 미국의 풍요로움과 부강함을 보여 주는 C-레이션, 예의나 염치도 굶주림을 이겨낼 수 없던 시절 초콜릿을 달라고 손을 벌려 애걸하는 어린이들의 모습, 구호 물자로 허기를 면하며 가난하고 힘겹게 살아온 시절을 기억하는 그에게 커피는 '쓰고도 슬픈 맛'이었을 것이다.

미군정 시기를 살아온 사람들에게는 누구나 셀 수 없는 커피 에피소드가 존재한다. 모두가 헐벗고 굶주리던 시절 C-레이션 깡통과 더불어 들어온 커피는 분명 프로파간다 음료였다. 가루 형태로 뜨거운 물에 붓기만 하면 잘 녹는 커피는 '인스턴트커피'라는 새로운 이름으로 인기를 누렸다. 일제 강점기에 부자들이나 잘나가는 사람들이 도도하고 고상하게 마시던 낭만적인 커피가 아니라, 손을 벌려 초콜릿을 애걸한 어린아이들조차 경험한 "기절하게 쓴맛"으로 바뀌었다. 커피에 대한 시각이 크게 바뀐 '인스턴트커피' 시대가 도래한 것이다. 한국 커피 역사에서 해방과 미군정기의 인스턴트커피는 앞으로 커피가 일상이 되고, 식생활의 일부가 되는 문화적 흐름을 예고했다.

# 문인들의 출판 기념회가 열린
## '플라워' 다방

한국 전쟁 이전에도 여전히 다방은 음악을 들으면서 차를 마실 수 있는 '모던'한 공간이었다. 다방은 다양한 사람들이 드나드는 곳이었지만 문인들에게는 '창작을 위한 산실'이었다. 경제적인 이유로 별도의 집필 공간이 없는 문인들은 다방을 오가며 글에 몰입하거나 글을 게재할 수 있는 지면에 대한 정보를 얻곤 했다. 하루가 멀다 하고 다방에 모여들어 스스로가 '다당茶黨'을 자처하는 문인들에게는 사랑방이기도 했다.

　해방 이후 한국 전쟁 직전까지 문인들이 주로 드나드는 다방으로는 소공동의 '플라워푸러워'와 '마돈나', '하르빈'이 있었고, 광화문에는 '귀거래'가 있었다. 명동의 '오아시스'와 '샘' 등도 레코드음악 감상회가 정기적으로 열려 음악을 즐기는 문인들과 음악가들의 출입이 잦았다.

문인들이 다방을 즐겨 이용하기 시작한 이유는 일제 강점기 대부분의 다방을 주로 문인이나 예술가가 운영했기 때문이다. 무언가 끊임없이 생각하고 창작해야 하는 예술인끼리 동류의식이 있다 보니 문인들은 다방에 앉아 글을 쓰거나 드나드는 것만으로도 마음이 편했을 것이다. 이런 곳을 몇 날 며칠 오가며 창작을 하다 보니 다방은 이들에게 작품의 산실이었다. 이 때문에 문인들은 다방에서 출판기념회나 시화전, 강연회와 토론회, 음악회를 열어 서로 축하하고 기념하는 행사를 열었다.

이들 가운데 플라워와 마돈나, 하르빈 다방은 문인들이나 예술인들, 학자들이 주관하는 출판 기념회 등의 행사가 열리는 살롱이자, 누군가를 만나 가까운 술집으로 가기 위해 모이는 문인 집합소였다.

소공동 경향신문사 근처의 플라워 다방은 1948년 12월 대학생들이 주축이 된 전국학생문학회가 준비부터 시작해 창립총회까지 연 곳이며, 전국아동문학작가협회 명곡 감상회가 열렸다. 《문장》에 시인 정지용의 추천으로 문단에 나온 청록파 시인인 조지훈, 박목월, 박두진 시인과 평론가 조연현, 곽종원의 단골이었다.[1]

다방이기는 하지만 분위기가 차분한 플라워 다방에서는 1948년부터 한국 전쟁 바로 전까지 조지훈, 박두진, 박목월 시인의 《청록집》 출판 기념회를 비롯해, 청마 유치환 《울릉도》, 김춘수 제1시집 《구름》, 김동리 평론집 《문학과 인간》, 박두진 시집 《해》, 조병화 첫 시집 《버리고 싶은 유산》, 조명암의 《북한일기》 등 수많은 출판 기념회가 열렸다. 또한 모윤숙 환영회, 신인 여류 작가 환영회, 문학과 음악의 밤 등 크고 작은 행사가 이어졌다. 음악 감상을 겸한 문학의 밤 행사가 여덟 번이나 열린 곳도 플라워 다방이었다.[2] 명동과 광화문의 다른 다방에서도 간혹 출판 기념회가 열리기는 했으나 뭐니 뭐니 해도 당대를 대표하는 문인들의 출판 기념회 장소로 알려지게 된 곳은 플라워 다방이었다.

---

1    신동한, 《문단주유기》, 해돋이, 1991, 9쪽.
2    박거영, '시인의 집', 〈조선일보〉, 1956년 9월 12일자 4면.

커피나 홍차 한 잔을 마시며 시집이나 소설집 발간을 축하하는 출판 기념회 행사는 보통 다섯 명 이상의 대표 문인들이 발기인으로서 주축이 되어 저녁 7시 무렵에 열렸다. 발기인에는 박종화를 비롯해 정지용, 양주동, 서정주 등 당대를 대표하는 문인들이 이름을 올렸고, 이들이 축사를 이어 가며 행사에 힘을 실었다. 출판 기념회에 참가하는 이들은 각각 적게는 300원에서 많게는 700원 정도의 회비를 찻값과 책값으로 내야 했다. 출판 기념회는 내심 문인들이나 다방 업자들 모두에게 누이 좋고 매부 좋은 식이었다.

출판 기념회 열풍이 불게 된 배경에는 해방 후 억제됐던 표현의 자유가 활기를 띠면서 단행본 저술이 늘어났기 때문이다. 문인들도 고립이라는 낡은 껍질을 깨고 이전과는 달리 출판 기념회를 통해 자신을 적극 알리려는 노력을 시작했다.

그러나 해방 이후부터 갑자기 출판 기념회 풍조가 곳곳에서 만연하고 너도나도 출판 기념회를 열면서 잡음이 끊이지 않았다. 다방에서 열리는 출판 기념회는 특히나 말도 많고 탈도 많았다. 문인들끼리 인근 술집에서 여흥으로 이

문인들의 출판 기념회가 열린 '플라워' 다방

어지는 천편일률적인 모임인데다가 참석한 취객들의 주정 등이 이어지면서, 책이 한 권 나오면 술을 마시고 떠들고 하는 그런 열병적熱病的 출판 기념회는 삼가야 한다는 지적이 나왔다.[3] 그러나 다방을 드나드는 동료 문인 누군가가 책을 내면 이를 세상에 알리고 책을 펴내기까지의 노고를 격려하는 자리는 계속 이어졌다. 이러한 전통은 출판 기념회의 무용론에도 불구하고 문화계의 유행으로 자리 잡았다.

플라워와는 달리 해방 후 여류 문인 전숙희, 손소희가 차린 '마돈나'는 소설가 김동리와 평론가 조연현, 시인 이용악을 비롯해 많은 소설가와 시인, 이름이 알려지지 않은 문인들이 드나들었다. 한창 젊은 나이인 전숙희와 손소희는 미모도 빼어나 다방을 드나드는 많은 문인들에게 인기였다. 이곳에서도 안석주의 시나리오집 《여학생》과 《희망》 등의 출판 기념회가 열렸다.

그러나 마돈나 다방은 출판 기념회로 알려지기보다는 문인들이 가까운 술집으로 가기 위해 누군가를 만나는 문인

3    '출기 무용론', 〈경향신문〉, 1949년 3월 21일자 3면.

184

커피, 이토록 역사적인 음료

## 1946~1950년 플라워 다방에서 열린 문학 행사

| 행사명 | 일시 | 발기인(주최) | 비고 |
|---|---|---|---|
| 조지훈 박두진 박목월 《청록집》 출판 기념회 | 1946.9.25 | 박종화 외 | |
| 윤동주 송몽규 추모회 | 1947.2.16 | 연희전문 문과 동문 | |
| 윤영춘 시집 《무화과》 출판 기념회 | 1948.8.13 | 박종화 외 | |
| 박계주 소설집 《처녀지》 출판 기념회 | 1948.9.11 | 정지용 외 | |
| 홍효민 소설 《태종대왕》 출판 기념회 | 1948.10.15 | 박종화 외 | |
| 이범석 장군 《혈전》 출판 기념회 | 1948.10.16 | 안호상 외 | 김광하 번역 |
| 김동리 평론집 《문학과 인간》 출판 기념회 | 1948.11.17 | 박종화 외 | |
| 홍효민 《양귀비》《여걸민비》 출판 기념회 | 1948.12.4 | 박종화 외 | |
| 전국학생문학회 창립 총회 | 1948.12.15 | 윤원호 외 | |
| 청마 유치환 《울릉도》 출판 기념회 | 1949.1.26 | – | |
| 김춘수 제1시집 《구름》 출판 기념회 | | | |
| 손소희 소설집 《이라기》 출판기념회 | 1949.2.15 | | |
| 《올림픽기행》 발간 기념회 | 1949.2.17 | 고재호씨기념회 | |
| 귀국 작가 모윤숙 환영회 | 1949.2.26 | 박종화 외 | |
| 김송 단편집 《남사당》 출판 기념회 | 1949.3.19 | 박종화 외 | |
| 전국아동문학작가협회 결성 | 1949.4.30 | 박영종 외 | |
| 설강 김태오 《심리학》 출판 기념회 | 1949.6.9 | 정인섭 외 | |
| 정래동 수필집 《북경시대》 출판 기념회 | 1949.6.15 | 양주동 외 | |
| 박두진 첫 시집 《해》 출판 기념회 | 1949.6.16 | 박종화 외 | |
| 방기환 작품집 《손목잡》 출판 기념회 | 1949.7.7 | 김동리 외 | |
| 조병화 첫 시집 《버리고 싶은 유산》 출판 기념회 | 1949.10.13 | 박종화 외 | |
| 신인여류작가축하회 | 1949.12.6 | 한말숙 외 | |
| 박거영 시집 《바다의 합창》 출판 기념회 | 1949.12.27 | 박종화 외 | |
| 조연현 평론집 《문학과 사상》 출판 기념회 | 1950.1.7 | 박종화 외 | |
| 국제보도연맹 《한국화보》 출판 기념회 | 1950.1.21 | 국제문화협회 | |
| 조명암 저서 《북한일기》 출판 기념회 | 1950.4.29 | 임긍재 외 | |
| 국어학자 유열 《학생우리말사전》 출판 기념회 | 1950.6.26 | 방종현 외 | 전쟁 발발로 취소 |

집합소였다. 그도 그럴 것이 마돈나 다방 근처에는 소위 '빈대떡집'이라고 하는 술집이 많았다. 마돈나 다방을 드나드는 문인들은 다방에서 술친구들을 만나 자리를 빈대떡집으로 옮겨 술을 마시면서 만발하는 화제를 주고받으며 낭만의 꽃을 피웠다. 빈대떡집은 스탠드바나 비어홀, 화려한 카페는 아니어도 다방을 기웃거리던 문인들이 아는 얼굴을 만나 담소를 나누다가 해가 떨어질 무렵 속이 출출하고 술 생각이 나면 찾아가는 곳이었다. 약식 술집이기도 한 빈대떡집은 문인들의 얄팍한 주머니를 달래 주는 데는 그만이었다.[4]

또 조선호텔에서 상업은행 쪽으로 올라오는 길목에는 여류 작가 윤금숙이 차린 '하르빈'이라는 다방도 있었다. 이곳은 당시 문예지 《백민白民》을 주관하던 작가 김송이 단골이었으며, 1947년에는 모윤숙 시집 《옥비녀》의 출판기념회가 열린 곳이기도 하다. 이들 다방을 중심으로 문인들은 어둠이 내리면 근처의 구수한 냄새가 풍기는 술집을 찾아 나서는 것이 일상이었다.

---

4    신동한, 《문단주유기》, 해돋이, 1991, 10~18쪽.

문인들의 낭만과 창작의 산실이 됐던 다방은 한국 전쟁이 발발하면서 문을 닫았다. 부산이 임시 수도가 되자 다방을 드나들며 창작과 출판 기념회를 이어 가고, 때론 저녁 무렵까지 진을 치다가 어둠이 내리면 뒷골목 술집으로 향하던 문인들도 부산으로 옮겨 갔다. 피란지에서 문인들은 서울에서처럼 그곳의 새로운 다방을 거점으로 전쟁과 가난이 빚은 무기력한 나날 속에서 진한 우정을 이어 갔다.

문인들의 출판 기념회가 열린 '플라워' 다방

# 전쟁 시기 각성제와
구충제로 각광받은 커피

1948년 8월 15일에 막을 내린 미군정 시대는 우리나라 커피 역사에서 일대 전환기였다. 구한말부터 일제 강점기까지 커피 알갱이를 주전자에 넣고 끓이던 방식에서 벗어나 끓인 물에 부어 마시는 간편한 인스턴트커피 시대가 열린 것이다. 해방 이전까지만 해도 지식인과 예술인, 부유한 모던 세대 등 일부 계층이 드나들던 다방도 누구나 드나들 수 있는 공간이 됐으며, 일반 사람들도 쉽게 커피를 접할 수 있는 세상이 됐다.

그러나 1950년 6월 25일 새벽 북한군이 북위 38도선 전역에서 기습 남침하면서 인스턴트커피는 다시 새로운 전기를 맞게 됐다. 한국 전쟁이 발발하면서 일본의 그늘에서 벗어나 새롭게 다가온 커피는 물론이려니와 음악 등 다양한 문화가 암흑에 빠져들었다.

　미군정기 3년 동안 C-레이션 속에 든 군용 커피로 알려진 인스턴트커피는 군인들의 보급품으로 중요해졌다. 한국 전쟁이 두 달 정도 지났을 때 크게 맞붙은 다부동 전투多富洞戰鬪에서 커피는 각성제이자 비상식량과도 같았다.

　"길고 무덥던 여름날인 1950년 8월, 다부동多富洞 전투에서 나는 커피 덕을 톡톡히 보았다. 피아彼我 8,000여 명의 전사를 낸 다부동 전투에서는 야간 전투가 다반사였다. 잠은 고사하고 군화 벗을 여유조차 없었다. 참모들은 어디서 구했는지 커피를 내 수통에 가득 채워 놓았다. 수통의 커피는 밤에 졸음을 쫓아 주는 '각성제'였고, 때로는 '비상식량'이었다. 커피에는 당시 '귀물貴物'인 설탕까지 들어있어 한 모금만 마셔도 정신이 번쩍 날 정도로 탈진한 몸에 힘이 됐다."[1]

1　　백선엽, 〈다부동 전투 중 수통의 커피 마시며 전투 치러〉, 《월간조선》, 2003년 6월호, 603쪽.

전쟁 시기 각성제와 구충제로 각광받은 커피

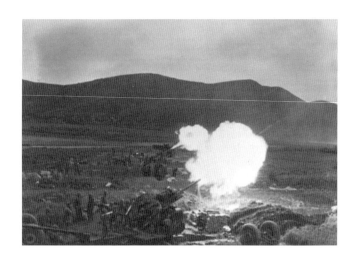

다부동 전투.
ⓒ다부동전적기념관

다부동 전투는 국군 제1사단이 낙동강 방어선인 경상북도 칠곡군 가산면 다부동 일대에서 미 보병 제27연대와 함께 북한군 3개 사단을 격멸한 전투다. 한국 전쟁 당시 북한군의 대공세를 막기 위해 가장 치열한 전투가 벌어진 다부동에서 커피는 부대를 이끄는 지휘관에게 졸음을 달아나게 하는 각성제였으며 전투 식량과도 같았다. 다부동 전투를 승리로 이끈 백선엽 장군은 설탕이 들어 있는 커피가 탈진한 몸에 힘이 됐다고 회고했다.

커피는 지휘관뿐만 아니라 참전 군인들에게도 '잠을 쫓는 특효약'이었다. 한국 전쟁 당시 15세의 어린 학도병으로 병사들의 식사를 챙기는 취사·보급병으로 참전한 윤인화 씨는 새벽마다 블랙 커피를 타서 보급하는 게 일이었다.

"1951년 1·4 후퇴 이후 바로 횡성 전투에 투입돼 병사들의 식량을 챙기는 취사·보급병이 됐다. 스피아통 예비 기름통에는 물을, 전투 중엔 C 레이션 군 예비 식량을 보급했다. 알르미늄제 보온통엔 크림 수프와 토마토 수프를 담아 쉴 새 없이 조달했다. 새벽에는 블랙 커피를 타서 보급하곤 했다. 밤낮없이 대치하는 병사들을 위해서였다. 이렇게 만

전쟁 시기 각성제와 구충제로 각광받은 커피

든 식량들은 트럭에 싣고 총탄과 포탄이 쏟아지는 전투지로 이동해 병사들에게 나눠줬다. 병사들이 졸리거나 굶으면 안 되니까. 어렸지만, 전쟁의 무서움은 알았다. 매일 생명의 위협을 무릅쓰고 식량을 날라다 줬다."[2]

미국에서도 남북 전쟁 당시 잠을 쫓기 위한 수단으로 북군에 커피가 대량 공급됐다. 소총 밑동에 그라인더를 달아 놓고 졸리면 갈아서 먹게 했다. 볶은 원두를 씹어 먹으며 잠을 쫓기도 했다. 1937년 인스턴트커피 '네스카페'가 나온 뒤 제2차 세계 대전에서도 커피는 군인들에게 필수품이었다.

한국 전쟁 때도 군인들 상당수가 '각성제'로서 커피를 선택했다. 생사를 넘나드는 전쟁이지만 열다섯 살의 어린 학도병이 새벽 시간이면 병사들을 위해 나른 블랙 커피는 전장에서 인기 품목이 됐다.

전장의 군인들이 잠을 잊기 위한 필수템이 '커피'이다 보니 전투 식량인 C-레이션에는 인스턴트커피가 빠지지 않

---

2    '참전용사 윤인화 할아버지 "중공군 어둠 틈 타 야간기습… 두려웠던 꽹과리소리 못잊어"', 〈중부일보〉, 2020년 6월 25일자.

았다. 야간에 이동을 하거나 경계를 대비해 '비상식량'처럼 준비해 둔 것이다. 군인에게 경계 근무는 상당히 피곤한 업무 중 하나다. 적진과 대치한 상황에서 고요한 심야에 어두운 주변을 사주경계 하다 보면 정신력이 상당히 소모될 수밖에 없다. 밤을 새워 적진을 살펴야 하는 군인들에게 가장 위협이 되는 건 바로 '졸음'이다. 그렇기에 경계 작전을 펴다가 꾸벅꾸벅 졸기라도 하면 정신이 몽롱해질 뿐만 아니라, 상대 기습에 반응 속도가 느려 속수무책으로 당하기 마련이다. 그래서 경계에 실패한 군인은 용서받지 못한다는 말이 있을 정도다.

군인들의 전투 식량인 C-레이션은 일반인들에게도 풀렸다. 한국 전쟁 중에도 C-레이션에 대한 수요는 꾸준히 늘었다. 미군을 비롯해 UN 참전군의 보급품을 실어 나르는 RTO Railroad Transportation Office가 있는 부산역과 경부선 노선의 큰 역 주변에는 미군 물자가 유통되는 암시장이 형성됐다. 여기에는 주로 미군 부대에서 불법으로 흘러나온 C-레이션, 수량에서 제외된 군수품, 유통 기간이 임박한 식품이 많았다. 비누와 수건 등 미군이 쓰는 물건들은 고급스런 사치품으로 인기였다. "미제라면 양잿물도 마신다"는

전쟁 시기 각성제와 구충제로 각광받은 커피

유행어도 이때부터 생겨났다. 미국 제품에 대한 동경과 선호가 커지다 보니 미군 부대에서 흘러나오는 제품의 암거래까지 성행했다.

전장에서는 젊은 군인들이 목숨을 내놓고 싸우는데 사치와 부조리가 이어지자 신성모 국방장관은 초비상시국에 대한 국민 결의를 통해 일일 삼회 식량도 아끼고 의복, 연료, 거처 등에도 내핍 생활을 적극 실천하자고 했다. 또 술, 담배, 차, 커피 등의 식생활과 외제 화장품, 비단, 나사羅紗 등의 사치한 의복도 철저히 자숙하고 가장 검소하고 씩씩한 전시 생활에 돌입하자며 정신 무장을 강조했다.[3]

전 국민이 전쟁의 고통 속에 살아가는 가운데 커피는 여전히 이런저런 경로로 유통됐다. '물에 녹는 커피'인 인스턴트커피는 전쟁에 지친 사람들의 마음을 녹이며 일상을 파고들었다. 미군 보급품과 위문품으로 들어온 인스턴트커피나, 맥스웰하우스와 힐스브로스 커피를 마시는 것이 곧 미국 문화를 즐기는 것이라고 자랑하거나 떠벌리기도 했다. 커피를 마시며 '자칭 문화인'이라고 떠들고 다니는

---

3    '최후 일인까지 싸우자', 〈동아일보〉, 1950년 12월 17일자 2면.

사람들도 늘어났다. 담배 연기가 자욱한 다방에서 커피를 마시고 떠드는 이들을 '사이비 문화인似而非文化人'이라고 규정하기도 했다.[4]

어른들뿐만 아니라 미군들을 졸졸 따라다니거나 부대 주변의 버려진 쓰레기 더미에서 커피를 맛본 어린이들도 있었다.

> "내가 커피를 처음 알게 된 것은 6·25 전쟁이 한창이던 1950년대 초의 일이다. 미군 부대에서 배급으로 나오는 C 레이션 상자 속에 커피 봉지가 들어 있었다. 그 맛에 익숙 하지 못한 사람들이 잘 먹지 않고 버리기 일쑤였다. 우리 아이들은 버려진 커피 봉지를 주워다가 뜯어서 그 맛을 보 며 놀랐다. 처음엔 맛이 씁쓸하여 도저히 먹을 수 없었으나 자주 먹다 보니 어느새 그 맛에 길들여지기 시작했다. 쓰면 서도 혀를 자극하는 그 감칠맛을 조금씩 알게 된 것이다."[5]

4    '자칭 문화인', 〈경향신문〉, 1952년 8월 9일자 2면.
5    이상우, 〈오늘도 나에게 커피 맛이 쓴 일은 많다〉, 《월간조선》, 2003년 6월호, 606쪽.

전쟁 시기 각성제와 구충제로 각광받은 커피

미군 부대를 통해 흘러나온 보급품을 얻어먹으며 겨우 끼니를 때워야 했던 부대 주변 어린이들은 버려진 커피 봉지를 통해 커피 맛에 길들여지기도 했다. 우리나라에 커피가 처음 들어왔을 때처럼, 처음에는 아이들도 그 특유의 쓴맛에 고개를 저었다. 그러나 시간이 갈수록 쓴맛이 향긋하며, 부드럽게 입에 퍼져 가는 것을 알게 됐다.

커피가 생활 속에 널리 퍼져 가기 시작하면서 커피에 대한 별별 소문이 나돌기 시작했다. 커피가 회충약으로 그만이라는 소문이 전국으로 퍼지면서 커피가 인기를 끌었다. 검은 빛깔의 커피를 진하게 마시고 장이 자극을 받아 설사를 하는 사람이 많아지자 뱃속에 기생충이 모두 죽어 생긴 효능이라는 소문이 돌기 시작한 것이다. 농촌에서조차 어른들은 알음알음 어렵게 구해 온 커피를 끓인 물에 풀어 한 컵씩 마셨다. 농촌에서는 인분을 채소밭에 주어 농사를 짓고, 그렇게 키운 채소를 먹다 보니 너 나 할 것 없이 기생충 감염이 다반사였다.

한국 전쟁 이전부터 기생충 감염 문제가 사회 문제로 크게 부각됐다. 서울 시내에 28만여 명의 초등학교 학생들과 1,000여 명의 유치원생, 17만 6,000여 명의 중학생들 가운데 95퍼센트 이상이 십이지장충, 회충, 편충 등에 감염돼 발육에 지장을 초래한 것으로 나타났다. 해방 후 생활고가 심해지면서 발육기에 접어든 어린이들이 잘 먹지 못해 영양 부족이 생긴 것이었다.[6] 전쟁 기간 동안 기생충 감염은 결핵, 나병癩病과 함께 '국민 건강을 해치고 민족의 생명을 좀먹는 망국병'이라고 할 정도였다.[7] 영양실조에 허덕이는 국민들이 늘어나고 급기야는 회충으로 쇠약해진 어린이가 무허가 약장사가 파는 회충약을 먹고 죽는 일이 벌어졌다.[8] 전국에서 기생충 감염이 악성 풍토병으로 만연하는데도 보건 당국에서는 손을 자주 씻거나 무와 배추를 만진 손으로 음식을 먹지 말아야 한다는 식의 위생 계도뿐 뾰족한 대책이 없었다. 이를 치료할 수 있는 약도 구하지 못하던 시절, 커피를 마시면 곧바로 배가 사르르 아프면서 설사를 하고, 그게 회충이 녹아 나오는 것이라고 알려지자 어른들은 획기적인 소식이라며 반겼다.

6      '소국민 보건에 이상있다', 〈경향신문〉, 1950년 5월 15일자 2면.

7      '한국의 보건문제', 〈동아일보〉, 1952년 10월 7일자 2면.

8      '위험! 무허매약-산토닝 먹고 어린이 즉사', 〈조선일보〉, 1952년 4월 5일자 2면.

소문이 걷잡을 수 없이 퍼지고 커피가 귀해지면서 커피
값은 상상 이상으로 올랐다. 나중에 커피가 회충약으로 좋
다는 소문은 사실이 아닌 것으로 밝혀졌지만, 커피가 여전
히 구충제로 좋다고 믿는 사람들은 전쟁 이후까지 꾸준히
이어졌다.

한국 전쟁 시기 일반인들에게 전해지기 시작한 커피는
인스턴트커피로 커피 대중화의 서막을 열었다. 휴전 후 피
란지에서 서울로 돌아와 새로운 살림을 구상하는 가족에
게도 커피는 소소한 행복을 그리는 도구였다.

"수복한 우리들의 새살림사리는 이러한 다행多幸한 즐거
움 위에서 이루어져가고 있습니다. 커피를 즐기는 남편은
어느 사이 고물상을 돌아다니며 그에 필요한 기구를 사와
서 밖에 나가지 않는 날이면 하루 종일 궁상맞게 커피만
끄리고 있습니다. 새로 살림이 시작된다고 해도 새로 준
비할 것도 새로 배워야 할 것도 없는 나로서는 남편이 좋
아하는 커피나 내 손으로 끄려서 대접해야 하겠다고 생각
하고 있읍니다. 피란지에서는 그러한 조그만한 일까지도
엄두를 내볼 수 없으리만치 뭔가 늘 절박切迫한 상태 속에

놓여져 있는 것 같았습니다. 이러한 것이 나의 새살림 기상機想의 하나이기도 합니다.[9]

커피는 전장에서는 잠을 쫓는 각성제로 알려졌으며, 입소문을 타고 구충제로 각광을 받았다. 가난했던 시절이었지만 지친 삶에 위안을 주는 음료였다. 커피는 그렇게 우리의 일상이 된 것이다.

[9]  최상남, '나의 새살림 구상(3)', 〈동아일보〉, 1953년 10월 1일자 2면.

# 밀다원을 중심으로 한
# 피란 수도 부산의 다방

한국 전쟁이 이 땅을 휩쓸 때 피란지 부산은 전쟁의 영향에서 벗어난 공간이었다. 미국의 전쟁 물자가 들어오는 관문이었고, 전쟁의 공포를 잠시 잊은 채 그날그날의 삶을 가까스로 이어 가는 곳이었다. 전방에서는 분명 치열한 전투가 벌어지고 있었지만 부산은 생활과 생존이 절박한 일상적인 공간이었다.

커피 맛에 길들여진 사람들이 부산으로 몰려들었다. 피란 수도였던 항도 부산에서는 다방이 새로운 일상의 무대가 됐다. 부산 중구 광복동과 남포동을 비롯해 창선동, 동광동 등 부산 일대에는 수많은 다방이 생겨나 다방 거리를 이뤘다. 부산의 다방가는 무서울 정도로 번창했으며, 연일 새로운 다방이 늘어났다.[1] 전쟁을 피해 부산에 임시 정착을 한 사람들은 자연스레 커피를 찾아 다방으로 모여들었다. 다방은 단순히 커피를 마시는 장소에서 벗어나 오갈데 없는 사람들이 만나 일자리 정보를 구하거나 세상 이야기를 나누는 곳이었다. 사업가들이나 상인들은 다방을 사무실 삼아 돈벌이를 찾았다. 수많은 이들에게 다방은 정신적 허기를 채우고 나눌 수 있는 '안식처'가 되면서 연일 만원이었다. 커피 한 잔 값도 부산에서는 1,400원에서 1,800원대를 웃돌 만큼 만만치 않았다. 다방에서뿐만 아니라 피란지의 단칸방에서도 사람들은 어디에선가 용케 구한 인스턴트커피를 뜨거운 물에 타서 설탕을 넣어 마시는 게 일상이 되기 시작했다. 인스턴트커피는 부산에서도 여전히 유행품이었다.

한국 전쟁 시절 부산은 피란한 문인들이 모여 피란지 다방 시대를 열었다. 다방은 문인들에게도 시와 소설을 다듬는 창작 공간이자 시와 소설을 낭독하는 발표 공간이었다.

---

1    '십자군', 〈동아일보〉, 1951년 11월 11일자 2면.

밀다원을 중심으로 한 피란 수도 부산의 다방

김동리, 박인환 등 문인들의 사랑방 역할을 했던 광복동의 밀다원을 비롯해 에덴, 춘추, 다이야몬드, 오아시스, 예술구락부 다방, 남포동의 뉴서울, 스타, 파도, 비원 다방, 창선동의 금강, 늘봄, 휘가로, 망향 다방, 중앙동의 백조, 햇피, 청구, 루네쌍스 다방은 작가들이 예술혼을 불태우는 문화 예술 공간의 역할을 했다.[2]

이들 가운데 문인들의 집결지이자 아지트가 된 다방은 밀다원이었다. 밀다원 다방은 전국문인단체총연합회 사무실 2층에 위치하고 있어 이곳을 드나드는 수많은 문인들이 들러가는 곳이었고 갈 데가 없는 문인들의 안식처였다. 이들은 당장 먹을거리가 없어도 다방에 진을 치고 앉아서 문화와 문학 이야기에 열중했다. 또한 동료들을 수소문하는 연락처였으며, 일할 곳 없는 작가들의 사무실과도 같았다. 문인들이 드나드는 곳이다 보니 밀다원에서는 시화전도 심심찮게 열렸다.[3] 소설가 김동리는 부산에 피란 온 문인들이 모이던 밀다원 다방을 중심으로 한 문화 예술인들

2 '한국인의 초상(14)-'작가들 사랑방' 변천사', 〈동아일보〉, 1995년 6월 13일자 5면.
3 김병익, 《한국문단사 1908~1970》, 문학과지성사, 2001, 274쪽.

1951년 부산 중구 광복동 밀다원 다방 앞. 사진 속 동그라미가 밀다원 간판이다.
미군 지프 차량이 서 있는 곳은 당시 관재국 건물이다.
ⓒ부경근대사료연구소

의 갈등과 고뇌, 삶과 예술 등 당대의 풍경을 훗날 단편 소설 〈밀다원 시대〉에서 생생하게 그렸다.

그는 밀다원 다방에 대해 동남쪽이 모두 유리창으로 되어 내부는 밝았으며, 다방 한가운데에 커다란 드럼통 스토브가 열기를 뿜고 있고, 그 주변으로 스무 개 됨직한 테이블을 둘러싸고 왕왕거리는 꿀벌 떼는 거의 모두 알 만한 얼굴들이라고 했다.[4] 밀다원 다방은 피란 온 문화예술인이 마치 꿀벌 떼처럼 모여들어 절망을 딛고 서로를 지지하며 다독이는 안식처였다. 김동리는 밀다원에서 만난 문인들에 대해 이렇게 말했다.

소위 문화 예술인만큼 난리 속에서 약하고 무능하고 서글픈 부류도 없지 않았을까 생각한다. 나는 그때 찻집 '밀다원'에 모여들던 소위 예술 문화인들을 생각할 때만큼 이 부류의 사람들에게 친근감을 느껴본 적이 없다. 모두가 거리에 나와 있었고, 계속 돌아다닐 수 없으니까 결국은 아는 얼굴들이 모이는 다방을 찾을 수 밖에 없었다. 그 첫

4    김동리, 《밀다원시대》, 삼중당, 1976, 23쪽.

커피, 이토록 역사적인 음료

三中堂文庫

# 蜜茶苑時代

金 東 里 作

부산 피란 시절, 문인과 예술가들의 아지트였던
다방 밀다원을 배경으로 한 소설 《밀다원시대》.

번째 다방이 밀다원이었다.[5]

밀다원에는 주로 김동리와 황순원, 조연현, 김말봉 등 기성 문인들이 모였다. 이곳에서 문인들은 화가 등 다른 장르의 예술인들과 어우러져 예술혼을 불태웠다. 이에 반해 가까운 곳에 있는 금강다방은 김규동과 박인환, 이봉래 같은 신진 시인들이 주로 모이는 곳이었다. 1952년 9월 조병화 시인은 시집 《패각의 침실》 출판 기념회를 광복동 녹원다방에서 열었다. 다방은 여전히 서울에서 피란 온 문인들이 함께 문학을 논하는 창작의 산실이었다.

밀다원과 금강다방 등 부산의 다방은 화가들의 작업실이자 작은 화랑이었다. 대부분의 화가들은 뜻이 맞는 이들끼리 다방에 모여 작품 구상을 하며 작업을 했다. 김병기·김흥수·도상봉·박득순·김세중·문학진·권영우 등 50~60명으로 구성된 국방부 소속 종군화가단 단원들이 주로 만나는 장소가 용두산 공원 부근의 금강다방과 광복동의 밀다원이었다. 김병기 화백이 예술인 30여 명을 모아

5    김동리, 《나를 찾아서》, 민음사, 1997, 269~270쪽.

놓고 피카소의 그림 '한국에서의 학살'을 비판하는 '피카소와의 결별'을 발표한 곳도 1953년 피란지 부산의 남포동 다방에서였으며, 가난한 화가 이중섭이 백영수와 함께 역경 속에서 서로를 다독이면서 함께 작업한 곳도 부산의 금강다방이었다. 이들이 전시회를 개최한 곳도 주로 작품을 그린 그 다방에서였다. 통영 출신 서양화가 전혁림 역시 1952년 첫 개인전을 밀다원 다방에서 열었다.

이밖에도 1952년 호심다방에서는 이중섭과 2인전을 열었다. 1952년 12월에는 화가 이중섭과 한묵, 이봉상, 박고석, 손응성이 기조전이라는 전시를 광복동 르네상스 다방에서 열었다. 전쟁으로 어수선한 시기였음에도 작가들은 다방에 모여 예술과 삶에 대한 대화를 나누고 작업에 치열하게 몰두하며 미술사에 기록될 만한 역작을 낳았다.

부산의 다방을 거점으로 작품 활동을 이어 간 작가로는 김병기·김환기·김흥수·남관·도상봉·박고석·박생광·박성환·박영선·백영수·손응성·송영방·송혜수·유강열·유영국·윤중식·이봉상·이성자·이응노·이중섭·장리석·장욱진·전혁림·최영림·한묵·황규백·황염수 등 한국 미술사에 이름을 남긴 이들이다.

피란 시절 다방은 피란살이의 고통, 고독과 허무와 싸우는 곳이었다. 집과 가족을 잃은 실향민들에게는 모임터였다. 갈 데 없는 문인들은 아는 이들을 찾아 피란 수도의 다방을 오가며 갈증을 풀곤 했다. 그런 다방이 이들에게 내일을 알 수 없는 불안에 휩싸여 세상과 작별하는 곳이 되기도 했다. 종군 문인으로 활동하던 시인 전봉래는 1951년 2월 16일 고전 음악 다방 '스타'에서 '그리운 사람에게 보낸다'는 유서를 남기고 자살로 생을 마감했으며, 서울에서 전국학생문학회를 조직해 활발한 활동을 하던 시인 정운삼도 밀다원에서 '고별'이라는 시를 유고로 남기고 쓸쓸히 목숨을 끊었다. 사려 깊은 전봉래 시인과 호탕하고 활발한 정운삼 시인의 자살은 문단에는 물론 사회적으로 큰 파장을 불러일으켰다. 이 일로 밀다원 다방은 문을 닫았고, 다방을 드나드는 문인들의 발걸음은 무거워졌다.

1953년 7월 27일 휴전이 되면서 피란민들이 부산을 떠나 고향으로 돌아갔다. 한 잔의 커피로 암울한 시절을 달래던 문인들도 마찬가지였다. 피란민이 떠난 부산은 인구가 줄어들면서 활기를 잃었다. 우후죽순처럼 들어섰던 다방과 요정의 숫자는 3분의 1로 급격히 줄어들었고, 파리만

날리고 파산지경에 이르렀다.[6] 이와는 달리 환도 이후 서울에서는 다방 수가 폭발적으로 늘어났다. 1.4 후퇴 당시 59개였던 다방이 1953년 6월 말에는 123곳으로 증가했다.[7] 이처럼 다방이 늘어난 이유는 전쟁 후 서울 사람들에게는 다방이 사교장이 됐고, 일자리를 찾아 서울로 몰려든 이주민 등 인구 증가가 다방의 수요를 늘렸기 때문이다. 특히 한국 전쟁 이후 물가가 치솟고 실업자와 생활고에 허덕이는 사람들, 갈 곳 없이 도시를 떠도는 유랑민들이 인구의 절반 가까이에 이르면서 다방은 이들이 일자리에 대한 정보를 나누고 시간을 보내기에 더없이 좋은 장소였다. 이들은 아침부터 다방을 피난처로 삼아 차 한 잔을 시켜 놓고 마담 눈치를 살피며 시간을 때우기 일쑤였다.

　1950년대 중반 서울에서는 문인들을 중심으로 다시 명동 시대가 밝게 열렸다. 예전에 명성을 날리던 플라워나 마돈나, 하르빈 다방은 사라지고 사보이 호텔 뒤의 청동

---

6　'환도 이후의 부산', 〈경향신문〉, 1953년 9월 14일자 2면.
7　'피란살이 3년의 발자취(9) 요정 다방', 〈동아일보〉, 7월 24일자 2면.

밀다원을 중심으로 한 피란 수도 부산의 다방

다방을 비롯해 갈채·문예살롱·동방살롱·돌체 등이 새로운 아지트가 됐다. 청동 다방은 공초 오상순의 터전이었으며, 갈채 다방은 박종화가 이끄는 한국문학가협회 멤버들인 김동리·서정주·박목월·조지훈·손소희·강신재가 주역이었다. 또한 동방살롱에는 김광섭을 핵으로 하여 《자유문학》을 중심으로 활동하는 모윤숙·이헌구·안수길 등이 모여들었고, 돌체는 고전 음악 감상실로 기성 문인이나 문학청년들은 물론 명동 일대에서 거들먹거리는 깡패들까지도 모여들어 도떼기시장을 이뤘다.[8]

마침 1954년 4월 《문학예술》이 창간되고 1955년 1월 《현대문학》, 1956년 6월 《자유문학》 등의 문학지가 창간되면서 문단도 활기를 띠었다. 당시 문단은 한국문학가협회와 자유문학자협회로 갈라져 있었는데, 문예살롱은 한국문학가협회 소속 문인들을 중심으로 모였고, 동방살롱에는 자유문학자협회 쪽 회원들이 모였다. 문인들이 가장 빈번하게 드나들던 문예살롱에는 당시 《현대문학》에 작품을 발표하는 많은 문인들을 중심으로 막 등단하는 문인

---

8    '한국인의 초상(14)-'작가들 사랑방' 변천사', 〈동아일보〉, 1995년 6월 13일자 5면.

커피, 이토록 역사적인 음료

들도 가세했다. 문예빌딩 지하에 있던 문예살롱이 문을 닫자 한국문학가협회 소속 문인들은 명동 골목 안쪽에 있는 갈채 다방으로 거점을 옮겼다.[9]

문인들이 한 다방을 거점으로 진을 치는 것은 계보에 따른 이합집산 때문이기도 했지만, 전화가 요즘처럼 많이 보급되지 않았기 때문이었다. 1952년 12월 서울에 다이얼 전화가 처음 등장했다. 문인들 대부분은 집에 전화를 놓을 형편이 되지 못했기에 단골 다방 전화를 연락처로 삼아, 원고 청탁 전화를 받거나 원고를 전해 주었다. 한마디로 다방은 문인들의 연락소였고, 마담은 문인들의 비서였다. 이 때문에 다방에는 문인들의 원고를 수발하려는 잡지사 기자와 신문사 문화부 기자들의 출입이 잦았다.

다방은 새로운 커뮤니케이션의 거점이 됐다. 문인들 역시 그 이전과 마찬가지로 다방을 창작의 산실이자 문학의 밤, 출판 기념회, 시화전과 시 낭독회, 강연회와 토론회가 열리는 장으로 여겼다.

환도 이후의 생활은 힘들고 고단했지만, 다방은 사람들

9    신동한, 《문단주유기》, 해돋이, 1991, 29~30쪽.

밀다원을 중심으로 한 피란 수도 부산의 다방

이 현실에 눈을 뜨면서 교제를 하고, 좌절을 극복하고, 휴식을 취하는 복합 문화 공간으로 주목을 받았다. 그러나 한국 전쟁이라는 격변을 경험한 사람들이 약육강식의 현실에 내몰리고 생존을 위해 물질적인 가치에 집착하게 되면서 다방도 실용을 중시하는 쪽으로 서서히 변해 가고 있었다.

# '커피병 환자'와
# 다방 홍수 시대의 커피값

해방 이후 한반도에는 인스턴트커피라는 독특한 커피 문화가 뿌리내렸다. 미군 부대에서 흘러나온 인스턴트커피 덕분에 커피는 돈깨나 있는 사람들이 즐기던 음료에서 벗어나 누구나 맛볼 수 있는 음료가 됐다. 전쟁의 포화로 수많은 병사들이 죽어 가고 국민의 삶이 비참한 와중에도 커피는 어느새 대중 음료가 됐다.

커피 한 잔을 마시기 위해 분쇄한 원두를 물에 넣고 끓인 후 침출시키는 번거로움을 벗어나 인스턴트커피가 '커피의 트렌드'처럼 되면서 다방도 급속히 증가했다. 광복 당시 60여 곳에 이르던 서울의 다방은 전쟁 무렵 100여 곳으로 늘어났다. 커피값도 하루가 다르게 들먹였다. 해방 직후 5원으로 시작한 커피값은 1949년 연말에는 150원으로 올랐다.[1] 쌀 한 말 8킬로그램이 1,300원 하던 때였다. 1950년 정월에는 200원으로 뛰었다. 커피가 귀해 값이 오른 것이라고 할 수 있지만 해방 이후부터 시작된 인플레이션과 화폐 남발로 벌어진 일이었다. 커피값은 물론이려니와 결과적으로 시장의 물가는 살인적으로 올랐다. 정부는 이런 사태를 수습할 여력이 도무지 없었다. 한 집에서 올리기 시작하면 끼웃끼웃하다가 "옳다, 기다렸다" 하며 따라서 모조리 올리는 것이 찻집의 풍속도였다.[2] 언론에서는 다방 홍수 시대가 도래하고 커피값이 오르는데도 한 잔에 200원이나 되는 돈으로 하루 종일 다방에 앉아 죽치는 사람들을 '커피병 환자'라고 몰아붙였다.

한때 빠-의 전성시대全盛時代가 가더니 기생妓生이 접대부接待婦가 되고 오늘엔 다방홍수시대茶房洪水時代가 도래到來

---

1    〈동아일보〉, 1949년 12월 25일자 2면.
2    〈동아일보〉, 1950년 1월 6일자 2면.

커피, 이토록 역사적인 음료

했다. 그러나, 그 다방茶房마다 대개는 객客들이 그득 앉았으니 혼자면 이백원二百圓 삼三, 사인四人만 모이면 천원千圓이 훨씬 넘는데 도대체 이 돈이 어더서들 나는가. 허기야 올데갈데 없는 무직문화인無職文化人이 이백원二百圓만 쥐면 하루종일 벽화壁畵 모양으로 앉일 수 있으니 거리의 '오아시스'도 될지 모르니 이들 손님 중에는 해방후 별안간에 문명인文明人이 될 커피병病 환자患者들이 태반殆半이다. 모름지기 이러한 환자들은 한잔 커피를 앞에 놓고 조용히 집에 있는 처자妻子들과 자기자신自己自身을 반성해보라. 커피를 먼저 찾는 친구들은 되도록 자숙自肅하여 타인他人에게 이 역병疫病을 전염傳染시키지 말도록 하자.[3]

한국 전쟁 직전 계란 10개들이 한 줄 가격은 400원에서 450원 정도였다. 이 무렵 200원씩이나 하는 커피를 마시기 위해 다방을 드나들며 '벽화'처럼 앉아 있는 사람들에 대한 풍자와 비아냥이 이어졌다. '벽화'는 1930년대에 이미 생겨난 말로 벽에 걸려 있는 붙박이 그림처럼 다방에

---

3    〈경향신문〉, 1950년 5월 18일자 2면.

'커피병 환자'와 다방 홍수 시대의 커피값

죽치고 앉아 있는 사람들을 뜻한다. 이들을 가리켜 다방에서 아예 붙어 산다고 '다방인종'이라거나, 물만 마시며 이 다방 저 다방을 돌아다닌다고 해 '금붕어'라고 빈정대기도 했다. 돈의 출처는 그렇다 치더라도 집에서 살림을 어렵게 꾸리며 살아가는 아내와 자식들은 안중에도 없다고 질책한다. 커피병이 역병이라며 전염을 우려하는 대목에서는 주변에 생겨나는 다방 홍수 시대를 우려하는 시선이 역력하다.

언론에서는 한 잔에 200원씩이나 하는 커피가 외국에서 들여온 사치품인만큼 소비를 줄여야 한다고 했다. 일부 다방에서 커피 대신 팔기 시작한 생강차인 '아까데미 차'가 크게 유행하자 '커피 대용품'이라며 국산품 애용을 은근슬쩍 권장하기도 했다.[4] 하지만 아무리 커피 대용품이 뛰어나다고 해도 가파르게 상승하는 커피값에 영향을 주지는 못했다.

해방과 격변기를 거쳐 한국 전쟁이 발발하자 물가는 더욱 치솟았다. 오갈 데 없는 사람들이 모여 대화를 나누고

---

4    〈동아일보〉, 1950년 2월 26일자 2면.

커피, 이토록 역사적인 음료

## 한국 전쟁 시기 커피값

| 연도 | 커피(1잔) 가격 | 출처 | 비고 |
|---|---|---|---|
| 1949 | 150원 | 동아일보 1950.1.6. | |
| 1950 | 200원 | 동아일보 1950.1.6. | |
| | 200원 | 동아일보 1950.2.26. | |
| | 250원 | 동아일보 1950.5.4. | |
| | 200원 | 경향신문 1950.5.18. | |
| | 400원 | 동아일보 1950.12.4. | |
| 1951 | 500원 | 동아일보 1951.2.17. | |
| | 700원(1월) | 동아일보 1951.11.11. | |
| | 1,400~1,800원(부산) | 동아일보 1951.11.11. | |
| 1952 | 2,000원 | 경향신문 1952.4.23. | |
| | 1,600원(부산) | 동아일보 1952.4.23. | |
| | 2,000원 | 조선일보 1952.5.16. | |
| | 2,000원 | 조선일보 1952.11.17. | |
| | 2,600원 | 조선일보 1952.12.5 | |
| 1953 | 40환 | 조선일보 1953.5.8 | 화폐개혁<br>(100원→1환) |
| 1954 | 50환 | 조선일보 1954.12.17 | |
| | 150~200환 | 조선일보 1955.5.23 | |

서로가 위로하고 위로받는 장소가 되면서 다방은 차리기만 하면 이문을 남길 수 있다고 해 그 수가 크게 늘어났다. 서울의 경우만 해도 1.4 후퇴 당시 59곳이었던 다방은 그해 연말에는 78곳, 1952년 말에는 99곳, 1953년 6월 말에는 무허가를 합쳐 128곳으로 폭발적으로 늘어났다. 전쟁 이후부터 '느는 것은 다방뿐'이라는 말이 생겨날 정도였다.[5] 서울뿐만 아니라 피란민이 몰려든 부산 등의 도시에서도 다방 수요가 증가했고, 다방을 찾는 사람들도 많아졌다.

5    〈동아일보〉, 1953년 7월 24일자 2면.

커피, 이토록 역사적인 음료

다방이 상실감을 달래고 결핍을 채워 주는 휴식 장소로 각광을 받으면서 커피값도 덩달아 요동쳤다. 전쟁 직전 기껏해야 500원 정도 하던 다방의 커피값은 전쟁 발발 후 1,400원으로 올랐다. 1952년 피란지 부산에서는 여기에 특별행위세와 국채보조권이 각각 100원씩 더해져 1,600원으로 올랐다. 커피 한 잔이 1,800원인 곳에서는 커피를 마시고 2,000원을 내면 아예 200원을 거슬러 주지 않아 커피값이 2,000원대로 올랐다는 푸념이 이어졌다.[1] 커

---

1    〈경향신문〉, 1952년 4월 23일자 2면.

피 한 잔을 암암리에 2,000원 넘게 받는 곳도 나타났다. 급기야 정부에서는 특수한 음료를 제외하고, 밀크셰이크는 3,000원, 오렌지주스는 2,700원, 커피와 홍차 등은 최고 2,000원으로 최고 가격을 명시하고 위반자를 단속한다며 관리에 들어갔다.[2]

그러나 서울시 다방 업자들은 연료값과 커피와 설탕 등의 원재료값이 올랐다는 구실로 찻값 인상을 요청했다. 시 당국에서는 이미 가격 인상을 결정하기 전에 시내 일부 다방에서 찻값을 올려 받는다는 비난이 잇따르는데도 다방 업자들이 요구한 커피값을 3,000원에 못 미친 2,600원에 인가를 해 줬다. 이는 특별행위세와 국채보조권을 포함하지 않은 가격이어서 1952년 말에는 사실상 커피와 홍차 한 잔 값이 3,000원으로 대폭 인상된 것이나 다름없었다.[3]

1953년 2월 대통령 긴급 명령 제13호로 100원이 1환이 되는 화폐 개혁이 단행되면서 3,000원 하던 커피는 30환이 됐다. 일부 다방 업자들도 통화 개혁에 발맞춰 고객에

---

2    〈조선일보〉, 1952년 6월 19일자 2면.
3    '물의 많은 다값 인상', 〈조선일보〉, 1952년 12월 5일자 2면.

게 부담을 주지 않기 위해 20환으로 인하하는 등 자발적으로 정부의 인플레이션 억제 노력에 동참하기도 했다. 그러나 여름에 접어들면서 지속적으로 상승하는 물가를 잡기는 어려웠다. 1953년 3월의 물가는 한국 전쟁 직전보다 17배나 상승했다.

다방 업자들은 여름이 되자 아이스커피 한 잔에 평균 3할이 인상된 50환씩을 받겠다고 했다. 겨울에 난방비로 5할의 커피값을 인상했듯이 얼음값이 난방비와 맞먹는다며 냉커피와 냉밀크, 냉홍차를 최고 50환을 받겠다며 임의로 가격을 인상하자 서울시청에서는 "관청을 무시한 업자들의 불순한 태도"라며 종전대로 받아야 한다고 했다. 곧바로 요금사정위원회를 열어 종전에 50환에서 60환까지 받던 아이스커피나 따뜻한 커피를 모두 30환으로 인하하는 결정을 하고, 이를 위반할 경우 폐업시킬 것이라는 강경책을 발표했다.[4]

1,129일 동안 지속된 한국 전쟁이 1953년 7월 27일 휴전 협정으로 일단락되면서 다방 업자들과 정부는 커피값 인상

---

4    〈조선일보〉, 1953년 6월 25일자 2면.

을 두고 줄다리기를 계속했다. 업자들이 커피값 인상을 요청하면 정부에서는 이를 부당하다며 일축하는 식이었다.

1954년 들어 미국에서 커피값이 인상되면서 다방으로 유통되던 커피값도 올랐다. 500곳이 넘는 서울의 다방에서 유통되는 커피 대부분은 정식 수입된 것이라기보다는 '양키 시장'을 통해 불법으로 유통되는 것들이었다. 이러한 물건들은 PX에서 나오는 것들도 있지만, 소위 '얌생이질'이라고 해 많은 인원이 동원되어 대량의 커피를 빼돌리거나, 미군 부대를 드나드는 개인들이 빼돌려 조직적인 연락망을 통해 시장에서 거래되는 것들이었다. 커피와 담배, 양주 등 불법으로 유출된 미제 물건은 남대문 시장과 동대문 시장을 비롯해 각 지역의 주요 '양키 시장'에서 암암리에 팔렸다. 다방에서 팔리는 커피값도 양키 시장의 시세에 영향을 받았다. 커피값은 큰 통이 7,500환, 작은 통이 1,500환인데 매일 시내 다방에서 사 가는 커피류의 차 음료가 각 다방에서 하루에 한 통씩 소비된다고 치면 하루에 약 75만 환어치가 팔리니 실로 어마어마한 양이었다.[5]

---

5    '흥성대는 양키시장', 〈동아일보〉, 1955년 5월 16일자 2면.

이 무렵 양키 시장에서는 물건들이 진열돼 있다가도 단속 반이 나오면 내놓았던 것들이 감쪽같이 사라진다고 해 '도 깨비 시장'이라는 이름까지 붙었다. 정부에서도 커피를 비 롯해 미제 물품이 정상 가격이 아닌 가격대에서 비합법적 으로 거래되는 암시장을 모를 리 없었다. 하지만 날로 활 기를 띠며 수요와 공급이 늘어나는 시장에 개입하는 데는 한계가 있었다.

정부가 커피 가격 결정에 개입하고 통제할수록 시장의 커피값은 들쑥날쑥했다. 커피가 사람들에게 매력 있는 음 료로 자리 잡으면서 커피값 인상 요구도 끝없이 이어졌다. 다방업자들은 전량 수입에 의존하는 커피 원료의 인상가 가 커피 가격에 제대로 반영되지 않았다며 커피값을 70환 까지 인상해 달라고 줄기차게 요구했다. 이에 대해 70환이 면 쌀 한 되 값米斗一升과 맞먹는다며 쌀 한 되를 팔아야 겨 우 커피 한 잔을 마실 수 있는 농민의 신세가 가련하다며 통탄하는 일도 벌어졌다.[6]

다방 업자들의 찻값 인상 요구가 여기저기에서 끊임없

6　〈동아일보〉, 1954년 2월 15일자 2면.

쌀값보다 비싸도 좋아

이 이어지면서 커피값은 요동쳤다. 정부에서도 다방에서 커피값을 올려 받으면 물가 정책에 역행한다며 강력하게 단속한다는 입장을 반복했다. 이에 반해 다방 업자들도 커피값을 슬그머니 올렸다가 단속이 심해지면 내리는 꼼수를 반복했다.

이런 와중에 커피값은 조금씩 상승했다. 서울의 다방 업자들이 커피값 인상을 모색하며 서로 다른 다방의 눈치를 살필 때 정작 커피값 상승을 주도한 것은 부산의 다방에서였다. 200여 곳이 되는 부산의 다방에서 1954년 10월 들어 커피 한 잔 값을 65환으로 인상하며 인상을 주도했다. 경찰이나 부산시에서도 손을 놓고 "눈만 둥그렇게 뜨고" 딱히 어찌할 방도가 없었다.[7]

하루가 달리 커피값이 올라도 커피는 여전히 인기 있는 음료였다. 커피에 순응하는 커피병 환자들은 불만스러워하면서도 여전히 다방문을 드나들었다. 값은 올라도 맛과 서비스는 그대로라며 곳곳에서 불만이 폭주했지만 별다른 불매 운동은 없었다. 그만큼 사람들은 커피 가격 인상

---

7    '색연필', 〈조선일보〉, 1954년 10월 11일자 3면.

에 순응했다.

이렇게 멈출 줄 모르는 커피값은 1955년 절정에 이르
렀다. 여름철에 접어들면서 아이스커피 한 잔 값이 100환
을 넘어 200환까지 크게 뛰어올랐다. 커피값을 정하는 가
격 조정 위원조차 "찬 것이야 돈 있는 사람이 먹으니 마음
대로 받고 돈이 아까우면 안 사먹으면 되지 않느냐"고 했
다가 빈축을 사기도 했다.[8] 서민층의 담배로 인기를 끌던
'파랑새' 담배 한 갑이 50환일 때였다.

1956년에는 아예 대놓고 값을 올리거나 '특제'라는 이름
으로 한 잔에 100환을 받는 커피가 등장했다.

서울 시내 다방업자들이 다시 찻값 인상을 획책하고 있
다. 서울시 다방협회에서는 1일 서울시 경찰국에 '특제 커
피'라는 새로운 이름으로 '커피' 가격을 80환으로 인상해
달라고 진정서를 제출하였다. 그런데 1일 서울 시내 모모
다방에서는 '커피'를 청하는 손님들에게 '커피'는 없으나
'특제 커피'는 있다고 대답하고 80환씩 받는 일이 있다고

8    '색연필', 〈조선일보〉, 1955년 6월 23일자 2면.

쌀값보다 비싸도 좋아

해서 2일 서울시 경찰국에서는 즉시 조사에 착수하고 있
는데, 이에 대해서 2일 경찰 당국자는 만일 그러한 기만
상술을 쓰는 업자가 있다면 행정 처분 중에도 가장 엄한
처분을 내리겠다고 말하였다.[9]

    정부에서는 커피가 없다며 값비싼 특제 커피를 권하는
다방의 상술을 기만이라 보고 칼을 뽑아들었다. 부산의 여
의주 다방에서 50환씩 하는 커피를 100환에 팔다가 경찰
에 적발됐는가 하면,[10] 80환으로 정부에서 결정한 커피 요
금을 무시하고 한 잔에 100환을 받다가 다시 멋대로 150
환에 팔다 적발된 서울 명동의 라일구 다방과 소원 다방,
신신 다방, 모나미 다방 등 4개 다방에 대해 영업 허가 취
소 처분이 내려지기도 했다.[11]

    그러나 이러한 단속도 오래가지 못했다. 1957년 12월
20일 대중성과 공익성이 희박한 찻값을 통제하는 것은 관

9    '다값 인상 다시 획책', 〈조선일보〉, 1956년 5월 3일 3면.
10    '임의로 다값 인상 여의주 다방 적발', 〈경향신문〉, 1956년 10월 19일 3면.
11    '4개다방 영업허가취소', 〈경향신문〉, 1957년 10월 13일 3면.

권 남용이라는 여론에 따라 내무부 인정 요금으로 되어 있는 관허요금제官許料金制가 폐지되면서 다방 업자들은 커피 값을 자율로 정하게 됐다.[12] 이에 따라 해방 이후부터 말도 많고 탈도 많았던 다방 커피값은 자유 경쟁 체제 속에서 정해지게 됐다.

1958년 10월에 들어서면서 파운드당 2,000환 하던 커피 원두 가격이 2,700환으로 오르자 그 여파는 곧바로 다방으로 이어졌다. 부산의 다방을 시작으로 100환을 넘지 않던 커피 한 잔 값이 150환으로 오르기 시작했다.[13] 더는 버틸 수 없다는 다방들도 커피값을 줄줄이 인상했다. 커피값이 올라도 다방에는 아침부터 밥값보다 비싼 '모닝커피'를 마시려는 사람들의 발길이 여전했다. 커피의 인기는 여간해선 식을 줄 몰랐다.

12    '다값의 관허요금제 해제', 〈경향신문〉, 1957년 12월 19일 1면.
13    '다값 대폭 인상', 〈조선일보〉, 1958년 10월 28일 3면.

쌀값보다 비싸도 좋아

# PART IV.

 망국의 사치품이

낭만의 상징으로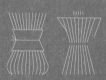

# 커피 불허의 시대

1960년 학생과 시민이 중심 세력이 되어 일으킨 반독재 민주주의 운동인 4·19 혁명 이후 커피는 졸지에 '망국亡國의 사치품' 중 하나가 됐다. 4·19 혁명에 열성적으로 참여한 서울대 학생들을 중심으로 서울과 부산 등지의 대도시에서는 국민계몽대가, 농촌을 중심으로는 농촌계몽대가 활동하면서 신생활 운동을 전개했다. 국민계몽대가 '새 나라 새터에 새살림 이룩하자'는 구호를 내세우며 혁신 대상으로 삼은 것은 사치품 배격과 양담배 배척, 그리고 커피 배축拜逐이었다. 커피를 쫓아내자고 한 데에는 연간 소비액이 65억 환인데 이것을 쌀로 바꾸면 30만 명이 1년 동안

먹는 양식이라는 이유가 있었다.[1]

한국 전쟁이 휴전 협정으로 총성이 멎은 지 7년이라는 세월이 흐르면서 국민들 사이에서는 민주주의에 대한 강한 열망이 들끓었다. 1960년 4월 19일 학생과 시민이 주축이 되어 일으킨 혁명이 성공한 배경에는 교육이 있었다. 정부에서는 학교 교육을 받지 못한 국민들의 기초 학습 능력을 높이기 위해 1954년부터 1958년까지 '문맹 퇴치 5개년 사업'을 벌였으며, 덕분에 비문해율非文解率은 1945년 78퍼센트에서 1958년 4.1퍼센트까지 떨어졌다.[2] 1945년 해방 당시 7,000여 명에 이르던 대학생 숫자는 1960년에는 9만 명을 웃돌 정도로 늘어날 만큼 교육 열기가 뜨거웠다.

문제는 이렇게 공부해 대학을 졸업한 인재들의 일자리가 없었다는 점이다. 당시 경제 구조가 농업 위주인데다 인구 증가율이 높다 보니 실업률 자체가 높은 건 어쩔 수 없었으나 대학 졸업생들조차 일하기 힘들다는 점은 심각

---

1    '횡설수설', 〈동아일보〉, 1960년 7월 10일자 1면.

2    국가기록원 홈페이지 https://www.archives.go.kr

커피, 이토록 역사적인 음료

한 문제였다. 대학이 실업자 양성 기관이라는 자조 섞인 목소리가 끊이지 않았다. 사정이 이런데도 정부에서는 실업자에 대한 대책도 없고, 실업자 숫자가 얼마인지 파악조차 못하는 형편이었다. 그래서 실업자는 '내일의 기적을 바라는 군상'이라는 조롱이 유행했으며, 4·19 혁명이 터지자 다방에서, 당구장에서, 이름 없는 실업자의 장막帳幕에서 미친 듯이 튀어나와 자유당 정권의 몰락에 박수를 치고 웃통을 벗었다고 했다.[3] 4·19 혁명은 이런 사회 분위기 속에서 촉발된 것이었다.

혁명 이후 국민계몽대의 운동 못지않게 곳곳에서 국민정신을 바로잡자는 운동이 벌어졌음에도 실업자는 여전했다. 농촌 사람들은 한 푼이라도 더 벌기 위해 무작정 도시로 몰려들었고, 다방에는 문을 열면서부터 몰려들어 죽치고 앉아 있는 실업자들로 가득했다. 커피를 쫓아내자는 운동을 벌이고 혁명 이후 전반적인 불경기였음에도 다방은 도시마다 나날이 늘어나며 호황을 누렸다. 1960년 11월 말 서울 시내의 다방은 6,012곳으로 1959년 말에 비하면

---

3    '혁명전후(7) 실업자', 〈경향신문〉, 1960년 6월 19일자 3면.

커피 불허의 시대

하루 종일 다방에 앉아 있는 실직자의 모습을 그린
〈동아일보〉 1962년 12월 15일자 '고바우 영감'.

175곳이 늘어났으며, 4·19 혁명 이전에 비하면 97곳이 늘어났다. 전반적인 경기 후퇴 속에서도 무려 1년 동안 20퍼센트의 증가율을 보인 셈이다.[4] 다방이 오갈 데 없는 실업자들이 한 가닥 실낱같은 일자리 정보를 얻을 수 있는 사랑방이었기에 다방 증가는 실업자 증가에 비례한다는 말까지 나왔다.[5]

다방은 실업자의 안식처일 뿐만 아니라 '사장족社長族'이라고 하는 사기꾼들의 사무실과 같은 곳이기도 했다.

다방에 한참 앉아 있어 보면 무슨 사장社長 무슨 전무專務라고 불리우는 족속들이 왜 그렇게 많은지? 흔히 인사 소개를 하는 것을 보면 다섯 사람 앉아 있는 자리에 의례히 세 사람은 사장 아니면 중역인 사장족社長族이다. 인사 소개할 때 보면 "내가 왜 항상 이야기하지 않았습니까. ××회사 사장입니다"느니 "××회사 전무이신데…"로 말이 시작되어 서로가 대문짝만한 명함을 주고받곤 한다. 그뿐이

4    '변모한 60년의 경제단층(9) 다방·빠·미용', 〈경향신문〉, 1960년 12월 25일자 2면.
5    '만물상', 〈조선일보〉, 1960년 9월 14일자 1면.

랴. 웬 사장 전무들을 찾는 전화가 그렇게도 많이 걸려오는지 다방은 온통 사장족뿐인 대합실에 앉아 있는 것 같다.[6]

사무실이 귀하고 전화 놓기가 어려운 때라 다방은 늘 사장족으로 붐볐다. 다방에서 마담이 "김 사장님 전화요!" 하면 대여섯 명이 동시에 고개를 돌릴 정도로 '사장 허세'가 심했다. 사기꾼이나 다름없는 사장족은 굵은 테 안경으로 외모를 번드르하게 치장한 20대의 젊은이부터 닳고 닳은 60대에 이르기까지 세대를 아울렀다. 이들은 다방을 사무실인 양 정해 두고, 사장이니 전무니 하는 직함을 박은 그럴싸한 명함을 내밀어 전주들을 끌어 모으고, 일확천금을 얻을 더없이 좋은 기회라고 유혹했다.

사장족들의 유혹에 넘어가는 대상은 남자보다는 돈푼깨나 있는 중년 부인들이 대부분이었다. 겉만 멀쩡한 사장족의 주머니에 돈이 들어오면 그때부터는 나 몰라라 했다. 애당초 사기를 칠 목적으로 접근했기에 일확천금은 고사

6    '법외지대 끝 사장족', 〈조선일보〉, 1961년 4월 9일자 3면.

하고 원금조차 돌려받지 못하는 일이 잦았다. 돈을 댄 부인들은 뒤늦게 돈을 떼인 사실을 알고 별별 방법을 찾아보려고 해도 법망을 교묘히 피해 가는 사기꾼을 이길 재간이 없었다. 돈을 돌려받기 위해 사장족을 만나 따지기라도 하면 이 핑계 저 핑계 늘어놓으며 순간을 모면하고, 그렇게 허송세월을 이어 갈 뿐이었다. 결국 돈을 떼인 부인들의 파산과 이혼, 자살이 비일비재했다. 다방을 거점으로 삼아 사기를 치던 사장족들의 구속이 잇따르자 그 당시 언론에서도 "꿍꿍이 속 흥정에 배탈 난다"며 다방을 사무실 삼아 사기나 횡령을 일삼는 사장족의 농간에 여성들이 특히 조심해야 한다고 경고했다.

4월 혁명 후 실업자와 사장족이 들끓는 다방은 호황이어도 국내 경제 상태는 여전히 혼란에서 벗어나지 못했다. 실업자는 범람했고, 범죄는 크게 늘었으며, 쌀값은 폭등해 국민들의 아우성이 매일매일 되풀이됐다. 정부에서는 국토 개발로 실업자를 없앤다 하고, 특별법을 제정해 범죄를 뿌리 뽑겠다 하고, 상인들의 매점매석을 철저히 막고, 정부미를 방출해 쌀값 폭등을 억제하겠다고 약속했지만 속수무책이었다. 이러한 임기응변식 대처에 언론에서는 "집

안이 가난하면 현처賢妻를 그리워하고, 나라가 어지러우면 양상良相을 아쉬워한다"며 민주당의 무능함을 비꼬기도 했다.[7]

국민의 생활고가 점점 심각해지면서 결국 '적폐와 구악舊惡의 일소一掃, 경제와 도의道義의 재건再建'을 기치로 한 5·16 군사 쿠데타가 터지고 말았다. 군사 정권은 이전과는 다른 국민의 자각과 자성을 촉구하며 내핍 생활을 기본으로 새 생활 운동을 펼치며 일대 변혁을 예고했다. 언론에서도 커피야말로 "망국의 병"이라느니, 커피만 마시며 다방에서 죽치고 앉아 일도 안 하는 나태한 사람들을 "붕어"라느니 하며 슬슬 바람을 잡기 시작했다.

쿠데타가 일어난 지 2주가 되던 1961년 5월 29일 서울 시내 다방은 일제히 커피를 팔지 않겠다는 광고를 걸었다. 서울 시내 1,000여 곳의 다방에서 하루 평균 100잔씩의 커피를 판다고 하면 전체는 2,000파운드에 이르는데, 이를 우리 돈으로 환산하면 하루 1,000만 환 정도가 절약되는 것으로 커피 대신 국산 차의 질을 향상해 보급에 힘쓰겠다

---

7    '횡설수설', 〈조선일보〉, 1961년 1월 20일자 1면.

커피, 이토록 역사적인 음료

# 오늘 아침 자취감춘 「커피」

## 茶房業者들 自進해 안팔기로

二十九일 아침을 기해 서울시내 각다방에서「커피」가 일제히 자취를 감추어버렸다

약一천여개소(茶房組合推算一一五〇개소)에 달하는 서울시내 다방들은 이날「협회지시에의하여 오늘부터「커피」를 팔지 않겠읍니다」라는「광고」를 커다랗게 써붙이고「커피」판매를 거부한것이다

이와같은 움직임은 서울에서다방협회에서 각업소에 보낸 二十八일자공문으로 취해진것이 밝혀졌다

이에대해 二十九일아침「조」치안국장은「二十八일 다방업자들과의

자신들이〈양담배〉업자이므로 우리도「커피」를 팔지않겠다더V도「커피」를 팔지않음은 당연한것이라고밝히면서 당국에서는 이를단속할생각은없으나 업자들이 자진「커피」를 팔지않을것으로 믿는다고 멋붙였다

이날 아무영문을 모르고「모닝·커피」를 찾을 연한 조치에 어리둥절하여서 시민들은 이를 기머갔다는「표정」으로 와갔다 지않는 금까지「커피」판매에의하 상이「커피」판매에의지 해왔다는 때 첫날인지 로차남아 있는 종래의「커피」가 팔렸으나 고말님

소비면선이다
만잔이 원이
면 협회추산에서약十
다 하루에서울 한잔에 평균맥고
있었다 「커피」값으로一
천만환이 하루

고 했다. 명목상은 시내 각 다방 스스로가 혁명 과업 수행에 발맞추어 커피 판매를 중단하고 생활의 검소화와 불필요한 외래품 배격에 앞장선다는 결정이라고 했다.[8] 커피 판매 중단이 외압에 의해서라기보다는 자발적으로 이뤄진 모양새를 취했지만 실상은 강압이나 마찬가지였다. 당시 치안국장이 다방업자들에게 되도록 커피 대신 생강차 같은 것으로 대체하는 게 좋지 않겠느냐고 권장했는데,[9] 이는 사회 각 부문의 개혁을 통해 신생활 운동 기풍을 조성하려는 쿠데타 정부가 던지는 무언의 압력과 같았다.

하루에 서너 잔씩 마시던 커피가 졸지에 공적이 되면서 전국의 다방은 된서리를 맞았다. 예전에는 '커피' 하면 '다방'이었고, '다방' 하면 '커피'였을 정도로 커피가 자리 잡으면서 전국에 다방이 늘어났으나 연간 커피 소비량이 60억 환에 이르자 커피와 다방이 '현대 문화의 기형아' 취급을 받으며 최대 위기를 맞았다.[10] 다방에는 향긋한 커피 향

---

8    '커피는 안팔겠소', 〈동아일보〉, 1961년 5월 29일자 9면.

9    '만물상', 〈조선일보〉, 1961년 5월 31일자 1면.

10   '앞으로뒤로⑤ 다방가', 〈조선일보〉, 1961년 6월 19일자 3면.

커피, 이토록 역사적인 음료

쿠데타 이후인 1961년 7월 31일 다방의 모습.
당시 다방에서는 커피를 팔지 않았다.
ⓒ연합뉴스

기 대신 생강차와 유자차 등 국산 차 냄새가 진동했다. 커피에 길들여진 습관에 따라 평소처럼 다방을 찾은 손님들은 갑자기 커피가 사라진 다방의 모습에 황당한 눈치였다. 당시 커피가 매출의 절반을 차지하던 다방은 커피 판매가 금지되자 점점 한산해졌다. 전국의 다방 업자들이 커피를 팔지 않겠다고 결의했지만, 일부 다방에서는 커피를 팔다가 적발되는 일도 늘어났다. 외국인들의 편의를 이유로 커피 판매가 허용된 반도호텔만 커피를 마시러 오는 사람들로 들끓었다.

하루하루가 갈수록 신생활 운동 기풍을 강화하려는 정부의 대책은 더욱 강경해졌다. 1961년 9월 1일부터 정부가 지정한 외래품들의 유통·판매를 금지한 특정외래품판매금지법이 시행됐다. 커피, 홍차, 양주를 비롯해 의류, 화장품, 전자 제품 등 모두 19종 190여 품목이 '특정 외래품'으로 지정됐다. 7월에 지정한 다른 제품과는 달리 커피는 8월 7일에 지정됐다. 웬만한 외국산 물품들은 거의 대부분 판매 금지 대상이었다. 법이 발효되고 한 달 가까이 되어 다방에 대한 내무부의 단속이 시작됐다. 서울 시경이 9월 27일 서울 시내 전역에서 외국산 커피를 파는 24개 업소를 적발하는 것을 시작으로 3개월 동안 외국산 커피나 무허가로 제조한 커피를 판매한 377곳의 다방을 적발해, 62곳에 대해서는 한 달 동안의 영업 정지 처분을 내리고, 68곳에 대해서는 행정 처분을 내렸다. 경찰에 적발된 다방은 서울 시내 930개 다방의 3분의 1에 해당하는 수였고, 적발된 다방 대부분은 시내 중심에 있는 다방이었다.[11] 이후에도 서울, 부산, 대구 등의 대도시를 비롯해 전국 다방에 대한 단속은 계속 이어져 매일 수십여 개의 다방이 적발됐고, 업주가 구속됐다. 계속된 단속에도 커피를 몰래 파는 곳이 이어지자 정부에서는 세 번 이상 적발된 업체에 대해서는 영업 허가를 취소하고 재판에 회부하겠다며 으름장을 놓았다. 부산에서 외국산 커피를 팔다가 1개월에서 3개월까지 영업 정지를 받은 다방 업자 20여 명은 행정 조치가 공평하지 못하다면서 문을 열 수 있도록 해 달라고 도지사와 시장에게 진정을 냈다.[12]

경찰의 단속이 잇따르자 다방에 커피를 공급하는 업자

---

11    '3백77개소 적발 3개월 동안', 〈경향신문〉, 1961년 12월 2일자 2면.
12    '개업길 열어주도록 20개 다방업자 진정', 〈경향신문〉, 1962년 3월 3일자 3면.

커피 불허의 시대

들은 커피와 비슷한 맛을 내는 대체 커피를 만들기 위해 갖은 방법을 동원했다. 콩을 볶아 민들레 뿌리와 오미자를 섞어서 '콩피'라는 짝퉁 커피를 팔기도 했지만 커피 중독자들의 성에 찰 리가 없었다. '한미커피', '뉴커피', '대용커피'라는 이름의 가짜 커피가 등장했으나 대부분 외국산 커피 가루를 몰래 섞은 것이어서 오히려 단속 대상이 됐다.[13] 단속 바람이 몰아친 부산에서는 외래 커피 단속반의 눈을 피해 도망가던 다방 경영주가 2층에서 떨어져 중상을 입는 사고가 발생했는가 하면, 20대 청년 두 명이 외래품 단속반을 사칭해 다방에 들이닥쳐 커피를 팔았다며 종업원에게 현금을 갈취하다가 구속되는 일도 생겨났다.[14]

그러나 이런 단속을 비웃기라도 하듯 커피와 양담배, 외래 화장품 등을 몰래 대는 업자들은 지하로 숨어들어 유통망을 두텁게 하며 판매를 이어 갔다. 서울 시경이 1963년 1월 한 달 동안 특정 외래품 단속을 실시한 결과, 모두 907건을 적발하고 714명을 검거했다. 이들이 외래품을 유

**13**  '외국산 커피 판 다방76개소에 영업정지', 〈조선일보〉, 1961년 10월 15일자 3면.
**14**  '커피 팔았다고 공갈', 〈경향신문〉, 1962년 12월 5일자 6면.

입한 경로를 추적해 보니 해외 여행이나 귀국하는 재일 동포들이 휴대품 속에 반입한 제품, 미국 PX에서 합법적으로 팔려 미군과 동거하는 소위 '양공주'를 통해 흘러나온 물품 등이 대부분이었다. 이렇게 흘러나온 커피 등의 외래품은 중간 상인을 거쳐 지하 조직망을 통해 몰래 유통되고 있었다. 정부에서는 외제품에 대한 맹목적인 향수를 버리지 못하는 '허영족'들의 수요 때문이라고 했다.[15] 하지만 암시장에서 유통되는 속칭 '양키 물품' 가운데 인기 품목이 커피인 것에서 알 수 있듯이 한번 길들여진 습관은 하루아침에 바뀔 수 없었다.

5·16 군사 쿠데타 이후 정부가 모든 다방에서 커피 판매를 전면 금지한 것은 외화 낭비라는 이유 때문만은 아니었다. 다방에 모인 사람들이 커피 한 잔을 시켜놓고 정부에 대해 이러쿵저러쿵 비판하는 것이 싫었기 때문이다. 게다가 공무원들에게도 다방 출입 금지령이 내려져 외래품인 커피를 마시면 파면 조치를 취할 것이라고 경고했다.

기호품인 커피를 계속해서 금지해야 한다는 데 대해 국

---

15    '단속 비웃는 외래품 거래', 〈경향신문〉, 1963년 2월 22일자 7면.

가가 개인의 취향까지 통제한다는 이야기가 나오기도 했다. 국내 산업으로 활성화할 수 있는 것은 품질 향상을 하면 되지만, 국민들이 기호품으로 즐겨온 커피를 국내에서 생산되지 않는다는 이유로 억제하는 것은 정신적 압박과 같다며 외화 절약에 영향을 주지 않는 범위에서 완화해야 한다는 견해가 특정외래품판매금지법 1년 좌담회 자리에서 나왔다. 그러나 이러한 의견도 국민들이 내핍耐乏과 인고忍苦를 감내해야 한다는 주장에 묻히고 말았다.[16]

커피 판매 금지 3년째에 접어들면서 단속은 느슨해졌다. 1963년 중반부터 어디에서 용케 구했는지 다방에서는 슬금슬금 커피를 내놓기 시작했다. 단속이라고 해야 '눈 가리고 아웅' 하는 식이고 물가 안정 차원에서 커피값을 붙들어 두는 게 고작이었다. 하나 마나 한 단속에 당한 사람들만 재수가 없었다는 얘기가 여기저기서 떠돌았다.

정부도 한 발 물러섰다. 1964년 여름에 들어서면서 장기영 경제기획원 장관은 특정 외래품 단속 범위를 축소하고, 커피처럼 국내 생산이 불가능한 품목에 대해 양성화한

---

16    '좌담회 특정외래품 정말 없어졌나(3)', 〈경향신문〉, 1962년 11월 17일자 4면.

다는 뜻을 내비쳤다. 아울러 사과를 수출하는 대신 5만 달러어치의 커피를 구상 무역求償貿易 방식으로 브라질에서 수입하는 문제를 검토 중이라고 발표했다.[17]

우리나라에선 5·16 군사 정부軍事政府 때부터 외국산外國産 '커피'와 다방茶房에서 파는 다茶들을 모조리 막아 버린지도 3년. 이 사이에 국산 '커피'로 대용代用해 봤으나 그 맛이 뜨물처럼 밍밍. '커피' 본래의 특징인 자극성刺戟性의 감칠맛이 전혀 없는 탓으로 다당茶黨들에게 푸대접을 받아 왔다. 그러나 외래 '커피'를 파는 사람은 여전 극성스럽게 팔고 있자 그것이 하릴없이 마약류痲藥類처럼 이르는 곳마다 음성 판매陰性販賣되고 있다.[18]

누구는 커피를 몰래 판매하고 누구는 재수 없게 단속에 걸렸다는 불만 섞인 법 감정을 막고, 누구나 정상적으로 자유롭게 판매하도록 해 국고 수입을 늘리는 방안이 추

**17** '커피 양성화 검토', 〈조선일보〉, 1964년 8월 1일자 3면.
**18** '횡설수설', 〈동아일보〉, 1964년 8월 1일자 1면.

커피 불허의 시대

진될 것이라고 하자 일제히 환영하고 나섰다. 커피에 인이 박여 살면서도 국산 대용 커피를 외면하던 사람들은 몸에 밴 습관이 되살아났다. 움츠려들었던 다방이 다시 활기를 찾자 커피값도 다시 들먹이는 조짐이 나타나기 시작했다.

마침내 정부는 1964년 9월 25일 커피를 판매 금지 대상 목록에서 제외하면서 누구나 자유로이 팔고 살 수 있게 됐다. 외화 낭비의 주범으로 몰렸던 커피는 마침내 3년 만에 누명을 벗게 됐다. 1960년대 들어 4·19 혁명과 5·16 군사 쿠데타를 거치며 커피는 참으로 많고 많은 우여곡절을 겪은 셈이었다.

# 오래된 기억의 유물,
# 모닝커피와 도라지 위스키

한국의 커피 역사에서 등장한 모닝커피는 지난 시절의 추억을 떠올릴 만한 세태 풍속이 담겨 있는 '기억의 유물'이다. 지금은 '모닝커피' 하면 아침잠에서 깨어나 하루를 준비하며 마시는 향긋한 커피 한 잔을 말하지만, 1990년대 이전까지만 해도 모닝커피는 뜨거운 커피에 달걀노른자를 띄운 한국식 카푸치노였다.

모닝커피가 언제부터 시작됐는지에 대해서는 의견이 분분하다. 하지만 대체로 한국 전쟁 시기에 비롯되어 1960년대부터 1980년대까지 유행한 것으로 보인다. 오래전 조병화 시인은 부산의 녹원다방에서 처음 마담이 직접 가져다 준 모닝커피를 마신 적이 있다고 했다. 모닝커피는 피란지 부산에서 아침을 거른 사람들이 인근 다방에 모여 달걀노른자를 띄운 커피 한 잔으로 하루를 시작하면서 생겨난 독특한 커피라고 할 수 있다.

휴전 후 서울 명동에도 모닝커피를 파는 다방이 있었다. 소설가 김말봉이 1954년 신문에 연재한 소설 〈사랑의 범주〉에는 충무로에서 가장 커피 향이 뛰어나고 분위기가 깨끗하기로 소문난 소나 다방도 모닝커피 시간이 지나면 한산하다는 내용이 나온다. 그러나 모든 다방이 모닝커피를 메뉴로 하지는 않았다.

모닝커피는 1950년대 후반부터 대도시의 큰 다방을 중심으로 서서히 확산하기 시작했다. 서울 명동의 경우 오전 10시 무렵이 모닝커피를 마시는 소위 문화인들이 다방에 들르는 시간이었는데, '명동의 하루가 활동을 시작하는 신호'였으며, 이 시간이 명동의 '시무 시간'이라고 했다. 모닝커피 시간이 지나면 점심시간까지 비교적 한산한 시간이어서 마담들이 목욕탕 가는 시간이라고 할 정도였다.[1]

1    '서울의 축소판 명동의 하루', 〈동아일보〉, 1957년 11월 25일자 3면.

커피, 이토록 역사적인 음료

달걀노른자를 모닝커피에 넣었던 이유는 처음에는 허기를 달래기 위해서였다. 단백질과 비타민, 미네랄이 풍부한 달걀노른자를 커피에 넣으면 허기를 면하는 데에도 그만이고 속쓰림도 방지해 줄 수 있다는 소문이 조용히 퍼졌다. 또 달걀이 귀한 시절 노른자를 띄운 커피는 보기에도 풍성해 프리미엄 이미지가 강했다. 여기에 더해 문화, 지성, 교양에 대한 이야기가 회자할 무렵, 적어도 모닝커피를 마시고, 몇 가지 책을 읽고, 때로는 명곡을 감상할 줄 알아야 '문화인'이라고 부를 때였다.[2] 아무 데서나 마실 수 없을 만큼 귀한데다 몸에 좋다고까지 하니 모닝커피는 당연히 핫한 커피로 떠올랐다.

모닝커피를 대도시의 큰 다방에서나 마실 수 있었던 것은 수요에 비해 다방에서 필요한 만큼의 달걀 공급이 충분치 않았기 때문이다. 모닝커피를 제공하는 다방도 1950년대 후반 물가가 폭등하고 달걀 수급이 쉽지 않자 달걀 대신 메추리알을 넣은 모닝커피를 제공하기도 했다. 달걀 공

---

**2** '문화의 기초 이념 우리나라의 문화 향상과 대책(상)', 〈경향신문〉, 1960년 9월 21일자 4면.

오래된 기억의 유물, 모닝커피와 도라지 위스키

급은 1960년대 중반을 지나며 나아지기 시작했다. 1962년부터 정부 시책 사업의 하나로 추진된 축산 장려 정책이 나름 성공을 거두면서 달걀 공급이 이전보다 훨씬 나아졌고 가격도 안정됐기 때문이다. 게다가 모닝커피는 일반 커피에 비해 가격을 20원 정도 더 비싸게 받을 수 있어 다방에서 매상을 올리기에는 그만이었다. 다방에서도 모닝커피를 마시러 오는 손님들은 다방을 직장 삼아 마치 사무실처럼 이용하는 단골이어서 다른 시간대의 손님보다 더 편하게 배려하기도 했다.

"어서오십시오"로 오늘도 나의 하루가 시작되었다. 모닝커피를 마시러 오는 손님들은 다른 어느 시간의 손님들보다 훨씬 더 가족적인 분위기를 만들어 드려야 한다. 주로 직장인들을 고객으로 하는 우리 다방은 출근에 시달린 단골손님들에게 잠시나마 안식처를 제공해야 하기 때문이다.[3]

---

3    '카운터와 진돗개', 〈동아일보〉, 1967년 5월 25일자 6면.

서울 을지로의 다방 아가씨가 모닝커피를 마시러 오는 손님들을 맞이하는 것으로 시작하는 하루 일과에 대한 고단함을 표현한 글이다. 일 년 열두 달 쉬는 날도 없이 다방 안 카운터에 앉아 그를 향해 어느 손님이 "돈 통을 지키는 진돗개"라고 한 말에 서운한 감정을 숨기지 않지만, 모닝커피를 찾아 드나드는 손님에게 안식처를 제공해야 한다는 직업의식을 드러낸다.

　모닝커피는 1960년대 후반부터 1970년대 전국 다방의 주요 메뉴가 됐다. 우리나라 포크 음악계 전설인 '트윈폴리오'를 다룬 로맨스 음악 영화 〈쎄씨봉〉에서도 윤형주 역을 맡은 배우 강하늘이 달걀노른자를 동동 띄운 커피를 부드럽게 저어 마시는 장면이 등장한다. 다방끼리 경쟁이 치열해지면서 모닝커피를 마실 수 있는 시간을 오전으로 제한하지 않고 아예 밤늦게까지 원하는 시간에 마실 수 있게 했다. 이름처럼 '아침에 마시는 커피'가 아니라 '아무 때나 마실 수 있는 커피'가 된 것이다.

　다방마다 경쟁이 심해지면서 평범한 모닝커피와 차별화하기 위해 노른자를 두 개씩 넣어 주거나 반숙을 덤으로 주기도 했다. 다방에 따라서는 달걀 특유의 ㄴ끼하고 비릿

오래된 기억의 유물, 모닝커피와 도라지 위스키

한 맛을 가리기 위해 참기름을 넣어 주는 곳도 있었다. 식사 대용으로 마실 수 있는 커피이자 별미인 모닝커피는 한국식 '에그 카푸치노'나 다름없었다. 달걀이 건강에 좋다는 뉴스가 하루가 멀다 하고 나오면서 모닝커피만 찾는 애호가들도 생겨났다. 커피뿐만 아니라 아예 별도 메뉴인 반숙과 완숙, 수란, 귀리죽 등까지 생겨나, 손님들의 주문에 따라 완전히 삶거나, 덜 익게 반만 삶거나, 귀리를 빻아 끓인 죽을 팔기 시작했다. 여기에 잣과 계피, 생강을 우려낸 물에 대추를 얇게 썰어 넣고 달걀까지 띄운 쌍화차도 있었으니 달걀 때문에 메뉴가 풍성해진 다방은 요즘 베이커리 카페 못지않았다.

달걀을 넣은 커피가 인기를 끌면서 다방에서는 기존의 모닝커피를 이름만 슬쩍 바꿔 값을 올렸다. 1970년 커피에 달걀노른자를 넣어 팔던 모닝커피 한 잔은 100원으로 특별한 날에나 먹던 짜장면 값과 같았다. 그런데 1970년대 중반을 넘어서면서 똑같은 달걀노른자를 넣고 모닝커피를 '계란 커피'로 이름만 바꾸면서 200원을 받기 시작했다.[4] 모닝

4    '백% 인상 허용 일부 다(茶)값 이름만 바꿔', 〈조선일보〉, 1976년 12월 19일자 7면.

커피, 이토록 역사적인 음료

커피가 쌀 1킬로그램 값에 맞먹는 스페셜 커피처럼 된 것이다.

모닝커피와 쌍화차에 달걀노른자만 넣다 보니 남은 흰자가 불법 거래되는 기괴한 일이 벌어지기도 했다. 달걀이 귀한 1960년대에는 다방에서 흰자를 따로 모아 다방 식구들이 식사 때 프라이를 해 먹는 데 썼다. 그러나 1970년대 들어 다방마다 모닝커피가 고정 메뉴가 되어 달걀 흰자가 넘쳐나면서 문제가 생기기 시작했다. 다방에서 주방 한쪽에 커피 통을 놓고 쓰레기 다루듯 흰자를 모아 놓으면 수거 상인들이 신선도를 확인하지도 않고 사 가서 제빵업자와 음식점에 넘겼다. 흰자를 모아가는 20대 미만의 청년들은 1파운드 커피 통 한 통에 들어 있는 흰자를 100원에 사서 중간 상인에게 190원 정도에 팔아넘기고, 중간 상인은 제빵업자에게 다시 220원씩을 받고 팔았다.

다방에서 모닝커피에 쓰고 남은 흰자가 유통되는 과정은 매우 비위생적이었다. 서울 종로의 다방마다 흰자가 1파운드짜리 커피 통으로 매일 두 통씩 나오고, 광화문과 소공동의 다방에서도 2~3일마다 한 통씩 나왔다. 신당동과 신설동, 청계천 등 도심지를 벗어난 다방에서는 흰자가

오래된 기억의 유물, 모닝커피와 도라지 위스키

훨씬 더 많이 나왔다. 다방 주방 한쪽에 쓰레기 치우듯 모아 놓은 흰자가 커피 통에 가득 차면 상인들이 수거해 가는 과정이 반복됐다. 이를 사들인 영세 제빵업자와 식당 주인들은 불결하게 유통된 흰자로 빵, 우동, 짬뽕을 만들었다. 기온이 높아지는 여름에는 쉽게 상해 식중독을 일으키기 쉬운데도 없어서 못 팔 정도였다. 심지어는 썩어서 고약한 냄새가 나도 구해 달라고 했다.[5] 노른자와 흰자가 만든 명암이 모닝커피에도 예외는 아니었다.

달걀노른자를 띄워 주는 모닝커피처럼 도라지 위스키도 다방에서 가장 핫한 음료였다. 1962년 국민 보건 증진을 위한다는 목적으로 식품음료법이 제정되기 전까지 다방에서는 공공연히 술을 팔았다. 식품위생법은 식품을 제조, 가공, 조리, 판매하는 모든 업자가 자기가 판매하는 제품에 대해 위생상 책임을 지도록 하며 제조에서부터 판매까지 관의 허가를 받도록 하는 내용을 골자로 한 법이었다. 식품음료법 제정으로 다방은 차류를 조리, 판매하고 청량음료, 우유 등의 음료수만 판매할 수 있고 주류는 판매할

**5** '불결한 달걀 흰자위 거래', 〈조선일보〉, 1975년 5월 30일자 7면.

커피, 이토록 역사적인 음료

수 없게 됐다. 술을 판매하지 못하게 된 다방은 모닝커피를 부랴부랴 주요 메뉴로 택해 매출 부족을 막아 보려 했으나 역부족이었다. 돈을 벌려면 술장사를 해야 한다는 말이 이때도 유효했다.

술을 판매하지 못하게 된 다방에서는 편법을 동원해 술을 팔기 시작했는데, 그게 바로 '도라지 위스키'와 '위티'였다.

도라지 위스키는 이름과는 달리 도라지 원액이 한 방울도 들어가지 않은 위스키다. 1950년대와 1960년대 미국 PX를 통해 위스키가 유통되면서 일본 산토리Suntory에서 만든 도리스 위스키Tory's Wisky가 유행하자 부산 서구 토성동 3가에 있는 국제양조장이 이를 모방해 일본에서 주정과 향료, 색소를 들여와 1956년부터 '도리스 위스키'라는 상표로 위스키를 만들어 판매하기 시작했다. 1956년 국제양조장은 주요 일간지에 도리스 위스키 광고를 시작했다. '국가國家 보배주酒는, 외국인이 마시는 주酒는 도리스 위스키'라는 내용이 두드러진 광고였다. 이듬해부터는 재무부장관상 수상과 전국국산품심사회장 특상수상, 대법원장상, 부흥부장관상 수상 문구와 '문화인의 양주'라는 카피로 공

오래된 기억의 유물, 모닝커피와 도라지 위스키

격적으로 광고했다. 그런가 하면 서울과 부산, 대구와 춘천 등의 도시에서 한 잔에 50환을 받고 시음하는 행사도 열었다.

도리스 위스키의 인기가 치솟자 상표 침해에 대한 비판적인 기사도 등장했다. 부산 〈국제신보〉가 도리스 위스키 상표가 불법이라는 기사를 실은 데 격분한 도리스 위스키 사장이 경쟁 신문사에 이를 비방하는 대대적인 광고를 실었다가 명예 훼손으로 구속됐다.[6] 일본 산토리에서도 곧바로 상표 침해를 문제 삼았다.

국제양조장은 1960년부터 제품명을 '도라지 위스키'로 바꾸었다. 도라지 위스키 병은 지금의 양주병처럼 둥근 것이 있고, 주머니에 넣을 수 있는 크기인 납작하고 작은 것도 있었다. 병에 붙이는 상표는 양주 라벨처럼 그럴듯하게 'Torage Blended Whisky'라고 필기체를 섞어 표기하고, 아래에는 붉은 색의 한글로 '도라지 위스키'라고 덧단 듯 붙여 놓았다. 부산 국제양조장뿐만 아니라 서울 태진물산에서도 이와 비슷한 디자인의 상표로 제조해 판매했다. 이름

---

6   '명예훼손으로 수감된 도리스위스키 사장', 〈조선일보〉, 1960년 2월 1일자 3면.

1960년 3월 1일 〈동아일보〉에 실린 도라지 위스키 광고.

에서처럼 한국 냄새가 물씬 풍기는 도라지 위스키는 한국 최초의 위스키라고는 하지만 실은 짝퉁 양주였다.

　다방에서는 1962년 이후 술을 판매할 수 없었지만 도라지 위스키를 조그마한 양주잔에 따라 '위'라는 이름으로 팔았다. 양주잔에 반만 따른 '싱글'과 가득 따른 '따불'이 있었는데, 돈푼 자랑이나 하며 다방을 드나드는 한량들이 으스대며 마시는 단골 음료였다. 또한 다방 마담이나 레지에게 눈독을 들이거나 수작을 거는 한량들의 작업용 음료였다. 도라지 위스키와 함께 홍차에 위스키 몇 방울을 섞어 만든 차인 '위티'도 폼깨나 잡으며 다방을 드나드는 이들의 단골 메뉴였다. 1960년대 후반 서울은 물론 시골 읍내와 오일장이 서는 곳을 중심으로 생겨난 다방에서 달걀노른자를 넣어 팔던 모닝커피가 90원 할 때 도라지 위스키는 한 잔에 120원씩이나 했다. 그야말로 다방의 매상을 쑥

오래된 기억의 유물, 모닝커피와 도라지 위스키

쑥 올리는 주된 메뉴였다.

도라지 위스키의 인기가 치솟자 쌍마 위스키, 백양 위스키, 화성 위스키, 오스카 위스키가 등장해 위스키 전성시대가 열렸다. 그러나 뭐니 뭐니 해도 1970년대 중반까지 다방 위스키의 대명사는 도라지 위스키였다. 가수 최백호가 1995년 발표한 히트곡 '낭만에 대하여'의 1절에 나오는 바로 그 유명한 옛날식 다방에 앉아 마시는 위스키다.

궂은비 내리는 날

그야말로 옛날식 다방에 앉아

도라지 위스키 한 잔에다

짙은 색소폰 소릴 들어 보렴

새빨간 립스틱에

나름대로 멋을 부린 마담에게

실없이 던지는 농담 사이로

짙은 색소폰 소릴 들어 보렴

이제와 새삼 이 나이에

실연의 달콤함이야 있겠냐마는

왠지 한 곳이 비어 있는 내 가슴이

달걀노른자를 띄워 주는 모닝커피와 짝퉁 위스키인 도라지 위스키는 1960년대와 1970년대 다방에서 가장 핫한 음료였다. 커피를 따라 달걀노른자가 부드럽게 목을 적시며 넘어가는 모닝커피와 옛날식 다방에 앉아 마시는 도라지 위스키는 순식간에 반세기 전 잃어 버린 기억을 되돌려 준다. 최백호의 주름 잡힌 목소리처럼 세월의 흔적이 가득 내려앉은 모닝커피와 도라지 위스키는 왠지 한 곳이 비어 있는 가슴을 무시로 울리는 '오래된 기억의 유물'이다.

# 필시스터즈의 '커피 한 잔', 다방 찬가가 되다

밥은 굶어도 커피를 마셔야 문화인이라고 우쭐대던 시절이 있었다. 다방에 들어가 커피를 마셨다는 사실만으로도 가냘프던 우월감이 백 자나 치솟는다고 할 때였다.[1] 그때도 '동백 아가씨'처럼 커피 맛에 진한 향기를 더해 주는 노래는 많았다. 무정한 세월을 그리거나 실연의 아픔을 달래는 흘러간 노래야 많았지만 커피를 소재로 한 노래는 없었다. 커피 마니아인 바흐가 작곡한 '커피 칸타타'도 음악 애호가의 사랑방 구실을 한 돌체다방 같은 고급 다방에서 들

---

1    '모밀꽃 필 무렵(7) 유행', 〈조선일보〉, 1959년 8월 18일자 3면.

을 수 있는 명곡이긴 하지만 어쨌든 남의 나라 멜로디다.

우리나라 대중가요에서 커피가 제목으로 등장한 대표
적인 노래는 1968년에 펄시스터즈가 발표한 '커피 한 잔'
이다.

커피 한 잔을 시켜놓고

그대 올 때를 기다려 봐도

웬일인지 오지를 않네

내 속을 태우는구려

팔 분이 지나고 구 분이 오네

일 분만 지나면 나는 가요

내 정말 그대를 사랑해

내 속을 태우는구려

아, 그대여 왜 안 오시나

아, 내 사랑아 오 기다려요

불덩이 같은 이 가슴

엽차 한 잔을 시켜 봐도

보고 싶은 그대 얼굴

내 속을 태우는구려

263

펄시스터즈의 데뷔 앨범.

사실 이 노래는 신중현이 작사·작곡해 1964년에 애드휘 The Add4 첫 앨범에 '내 속을 태우는구려'라는 제목으로 발표한 것이었다. 가사만을 놓고 보면 사랑하는 사람을 기다리다 속이 타는 마음을 표현한 무던한 내용이다. 노랫말도 늘어지듯 길지 않다. 그리 특별하지 않은 멜로디인데도 한 번 들으면 또 듣고 싶고, 입안에서 귓전에서 노래가 맴도는 묘하게 중독성이 있는 노래다. 여기에 더해 서구적인 외모의 펄시스터즈가 훤칠한 몸매로 무대를 휘젓듯이 노래를 부르자 탄성이 잇따랐다.

1967년 미8군 가수 오디션을 통과해 미8군 베거스 버라이어티 쇼를 통해 데뷔한 20대 초반의 배인순과 배인숙 자매는 5월 〈동양방송〉 장수 프로그램인 '쇼쇼쇼' 130회 무대에 신인으로 출연했다. '펄·시스터'라는 듀엣 그룹 이름도 이때 처음으로 내세웠다. 핫팬츠에 롱부츠를 신고, 때론 몸에 짝 달라붙는 원피스를 입고 화려한 몸동작으로 무대를 누비는 펄시스터즈는 노래만 잘 부르면 된다는 가요계에 새로운 파장을 일으켰다. 조용하고 단아하게 노래를 부르는 정적인 가요계에서 화려한 춤과 패션으로 팝송을 부르는 모습은 이전에는 볼 수 없는 것이었다.

펄시스터즈의 '커피 한 잔', 다방 찬가가 되다

펄시스터즈의 이름이 막 알려질 무렵, 이들 자매는 미8군 시절 한국 록 음악 밴드를 결성해 활동을 시작한 신중현을 찾아가 데뷔 앨범 취입을 부탁했다. 베트남전에 참전한 군인들을 위한 위문 공연 때문에 베트남으로 막 떠날 준비를 하던 신중현은 이들의 음반을 만들어 줬다. '커피 한 잔'은 이렇게 해서 다시 세상에 알려지게 됐다.

1968년 12월 1일 펄시스터즈는 '님아'와 '커피 한 잔'을 타이틀 곡으로 하는 데뷔 음반을 냈다. 1964년 신중현이 발표했으나 반응이 시원찮았던 '빗속의 여인'을 비롯해 '커피 한 잔', '떠나야 할 그 사람' 등 12곡이 실린 음반이었다. '커피 한 잔'은 '내 속을 태우는구려'의 제목을 바꾼 곡이고, '님아'는 신중현이 펄시스터즈를 위해 작곡한 곡이었다. 신중현이 록 밴드 시절에 발표한 '내 속을 태우는구려'를 알고 있던 레코드사 사장은 제목을 바꾼 '커피 한 잔'에 대해 "절대 인기를 얻기 힘든 괴상한 노래"라며 심드렁한 반응을 보였다.[2]

---

2    최규성, 한국대중가요앨범 11000, 네이버지식백과
     https://terms.naver.com/entry.naver?docId=3377961&cid=60487&cate
     goryId=60494#TABLE_OF_CONTENT2

커피, 이토록 역사적인 음료

레코드사 사장의 탄식과는 달리 '커피 한 잔'은 대형 히트곡이 됐다. 이 노래는 미국 사이키델릭 록의 영향을 받아 사운드와 소울 창법을 새롭게 구사했기에 트로트 일색이던 시절에 큰 반향을 몰고 왔다. 사이키델릭 록은 1960년대 후반 샌프란시스코를 중심으로 나타난 장르로 환각제를 사용했을 때처럼 몽환적인 느낌을 주는 음악이다. 우리나라에서는 환각제라는 키워드를 피해 댄스 음악으로 소개됐다. 사이키델릭 록을 처음 시도한 인물은 신중현이었다.[3]

신향음반제작소에서 발매한 펄시스터즈의 데뷔 음반은 폭발적인 반응을 얻었다. 발매 20일 만에 한 해 레코드 시장의 가장 큰 대목인 성탄절을 앞두고 최고 가수인 이미자의 '황혼의 블루스', 배호의 '안녕' 등과 함께 판매 수 톱을 차지하는 히트 앨범이 됐다. '커피 한 잔'뿐만 아니라 '님아', '떠나야 할 그 사람'까지 동반 히트해 음반이 날개 돋친 듯 팔려 나갔고, 펄시스터즈는 음반 '커피 한 잔'을 발표한지 1년 만에 〈MBC〉 가수왕이 됐다. 우리나라 가요 사상 최

3      선성원, 《대중음악의 뿌리》, 도서출판 꾼, 1996, 47쪽.

초로 가요왕의 영예를 거머쥔 걸 그룹이었다. 텔레비전과 전축 등의 보급이 미미했던 시절을 감안하면 짧은 기간에 공전의 히트를 기록한 앨범이었다.

가요계에 이름을 단번에 뚜렷이 알린 펄시스터즈는 단숨에 스타덤에 올랐다. 대형 음반사에서는 가요계 인맥을 총동원해 펄시스터즈와 전속 계약을 맺기 위해 로비를 벌였다. 펄시스터즈의 데뷔 음반은 곧바로 재판이 나왔고 시대를 상징하는 명반이 됐다. 가요계나 음반 시장에서는 이 앨범의 성공으로 소울과 사이키델릭 사운드의 기틀이 다져졌고, 신중현이 이끄는 음악인들에게는 '신중현 사단'이라는 수식어가 따라붙게 되었다.

펄시스터즈의 히트곡은 영화로 제작됐고, 1970년대 초반 불기 시작한 청년 문화의 동력이 됐다. '님아'는 1970년 10월 신성일, 윤정희, 김정훈, 허장강, 사미자 등 당대 최고의 배우들이 출연한 영화 '아 임아!'로 제작돼 인기를 이어갔다. '커피 한 잔'의 히트와 함께 서울 시내에도 다방이 크게 늘어나 "섰다하면 빌딩이요 생겼다하면 다방이다"라고 할 정도였다. 다방에는 연일 펄시스터즈의 '커피 한 잔'이 흘러나왔고, 젊은이들은 열광했다. '커피 한 잔'은 이전의

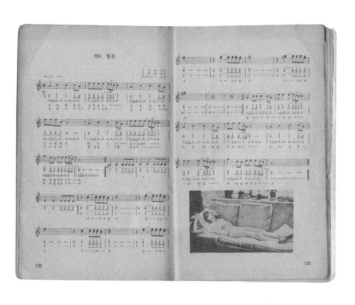

펄시스터즈의 '커피 한 잔'이 수록된 1961년 대중가요집.

'커피'라는 표현을 넘어 호감의 표현이 됐다.

> 서울 시내에 섰다하면 빌딩이요 생겼다하면 다방이다. 아
> 침에 출근하는 샐러리맨들은 그날의 교통비, 점심값 외에
> 도 커피 한두 잔 값이 주머니에 들어 있어야 마음이 놓일
> 정도로 사람들은 다방을 그렇게 좋아한다. 다방에 가면
> 으레 커피를 마셔야 하고 그러다보니 커피가 좋아 다방에
> 가는지 다방이 좋아 커피를 마시는지 모를 지경이다.[4]

'커피 한 잔'이라는 노래와 함께 직장인들에게 커피가
일상이 되면서 다방의 고객층도 넓어졌다. 다방을 드나드
는 주 고객층도 중장년 위주의 소위 '다방족'에서 젊은 샐
러리맨으로 옮겨 갔다. 이들에게 '커피 한 잔'은 술, 담배와
함께 아낌없이 베푸는 기호품이 됐다.

이렇게 1970년대에 들어 펄시스터즈의 노래에 젊은이
들이 열광하면서 '커피 한 잔'은 마치 '다방 찬가'처럼 인기
였다. 지방의 읍면으로까지 퍼져 나간 다방에서도 '커피

---

4   '커피한잔', 〈조선일보〉, 1969년 12월 18일자 5면.

한 잔'이 흘러나왔다. 강원도 탄광촌 정선 함백에서 약산 다방을 운영한 김효영 씨도, 그 당시 2층 다방에 들어오는 계단을 올라오며 "커피 한 잔을 시켜 놓고 그대 오기를 기다려 봐도"를 소리내어 부르거나 휘파람으로 부르면서 들어오는 사람들이 대부분이었다고 회고했다. 그만큼 도시에서는 물론 산골짜기 다방에서까지 '커피 한 잔'의 인기는 식을 줄 몰랐다.

'커피 한 잔'이 우리 가요사에 커다란 획을 그으면서 새로운 음악다방 문화가 형성됐다. 이전까지는 다방이 주로 문화 예술인들이나 '사장족'들이 문학을 이야기하거나 연락소 삼아 드나드는 살롱 혹은 사무실과 같은 곳이었으나, 이때부터 어른들이 대화를 위해 드나들며 한복 입은 마담이 서빙하는 커피를 마시는 소위 '노털다방'과 DJ가 신청곡을 받아 팝송과 포크송을 틀어 주는 젊은이들의 다방이 분리됐다. 청바지, 통기타, 맥주를 키워드로 하는 청년 문화를 주도하는 젊은 층에게 다방은 곧 음악다방이었다.

## 음악다방의 인기몰이와
## 대중문화 확산

1970년대 들어 자본이 풍부한 도심의 음악다방은 대형화
하면서 전성기를 맞았다. 다방이라고는 믿기 어려울 정도
로 100개가 넘는 테이블을 갖추고 14개의 스피커를 설치
해 귀가 쩡쩡 울릴 정도로 크게 최신 히트곡을 틀어주는
다방도 생겨났다. 이런 다방에서는 미국에서 유행하는 음
악 잡지를 정기 구독하면서 얻은 정보를 바탕으로 젊은이
들이 원하는 최신곡이 수록된 음반을 재빠르게 항공편으
로 공수하는가 하면, 중년층까지 잡기 위해 다방 한쪽에
특실을 따로 마련할 정도였다.[1] 그러나 명동에 흔한 이러

---

1    '서울 새 풍속도(211) 대형화하는 다방(상)', 〈경향신문〉, 1971년 8월 5일자 6면.

한 다방에 대한 일반적인 반응은 좋지 않았다. "커다란 홀에 심더운 외국 음악이나 틀어 놓고 무뚝뚝한 레지가 불친절한 서비스를 일삼는다"며 친절한 서비스를 기대하기는 어렵고 조용한 분위기는 옛말이 됐다고 했다.[2]

시내 중심가나 대학가를 중심으로 레코드실을 갖춘 음악다방은 그 수가 점점 늘어났다. 새로 개업하는 다방은 턴테이블과 수천 장의 레코드를 갖춘 뮤직 박스를 한편에 설치했고, 기존 다방은 내부 한쪽을 들어내고 뮤직 박스를 갖추어 음악다방 모양새를 갖췄다. 음악다방은 자유당 시절과 1960년대 초까지 성행하다가 풍기 문란 등으로 자취를 감춘 음악 감상실과는 달랐다. 다방마다 한쪽에 유리 상자처럼 마련된 레코드실을 갖추면서 '레코드플레이어'라는 새로운 직업이 탄생한 것이다. 스스로 DJ, 즉 디스크자키disk jockey라고 하는 이들 대부분은 젊고 말주변이 좋은 음악광이었고, 음악과 음반에 조예가 깊은 대학생들이 부업으로 하는 경우도 많았다.

DJ는 뮤직 박스에 앉아 음악을 틀어 주면서 음악에 얽

---

2    '서울 새 풍속도(212) 대형·기업화 한 다방(하)', 〈경향신문〉, 1971년 8월 8일자 6면.

힌 배경이나 가수 또는 연주자에 대한 시시콜콜한 이야기까지 중저음으로 끄집어내기도 했다. 음악다방에는 희망곡을 적는 작은 메모지인 리퀘스트 용지가 있었는데, DJ는 손님들이 적어 다방 아가씨를 통해 건넨 신청곡이나 사연을 틀어 주고 소개했다. 단순히 음악을 틀어 주는 것을 뛰어넘어 앰플리파이어amplifier와 레코드의 기계적 특성을 조작해 기묘하고 환상적인 음악을 만드는 유별나고 특출한 DJ들도 있었고, 이런 기교를 자랑하기 위해 발표회를 갖는 DJ도 있었다. 음악과 더불어 유행을 이끌면서 '폼생폼사' 하는 DJ의 모습이 멋있었는지 인기가 대단했다. 특히 여자들에게 인기가 많았다. 다방마다 몰려가 희망곡을 적어 건네는 이들도 여자들이 주를 이뤘다. 여자들은 껌이나 사탕과 함께 자기의 신청곡이 적힌 메모지를 DJ에게 건넸다. 때로는 자신의 애청곡을 틀어 준 데 대한 보답으로 커피 한 잔을 넣어 주는가 하면, 메모지에다가 대놓고 데이트를 요청하기도 했다.[3]

대학가에서 음악다방은 대학 문화의 중요한 일부가 됐

3    '서울 새 풍속도(213) 부업에서 새 직종된 DJ', 〈경향신문〉, 1971년 8월 10일자 6면.

다. 강의 시간의 공백이 클 때면 남녀 불문하고 대학생들이 다방에 우르르 몰려가 DJ의 멘트에 시간을 죽이기도 했다. 대학가에는 다방마다 고전 음악, 록이나 최신 히트곡, 가요나 팝송이 전문인 다방, 심지어는 스피커가 좋은 다방 등으로 DJ들의 전문 영역이 드러났고, 손님들은 자신의 취향에 따라 선택이 가능해졌다.

다방가에서 잘나가는 DJ의 몸값은 급등했다. 이들을 스카우트하기 위한 쟁탈전까지 벌어질 정도였다. 1970년 말단 공무원인 면서기 월급이 1만 원을 밑돌 무렵, 오후 3시부터 밤 9시 반까지 일하는 다방 DJ의 평균 월급은 1만 5,000원에서 2만 원 사이였다. 인기 있는 DJ의 월급은 이보다 훨씬 많은 3만 원을 웃돌았다. 손님들이 건넨 신청곡이나 사연을 아낌없이 소개하고 때론 애교 어린 협박을 받을 만큼 알려진 DJ가 다방을 옮겨 가면 그를 좋아하는 청춘 남녀들도 대거 이동하는 현상이 빚어졌다.

다방 DJ가 유행 음악의 첨병 역할을 하면서 다방 DJ 콘테스트가 열렸는가 하면, 디스크자키 동호회가 조직되어 서로 경쟁하고 정보를 주고받으면서 DJ의 전문성은 한층 강화됐다. 다방에서 내공을 쌓은 이들 가운데 몇몇은 방송

음악다방의 인기몰이와 대중문화 확산

DJ나 음악 AD로 진출했다. 이종환·박원웅·김광한·황인용 등이 라디오 DJ로 이름을 날리면서 DJ는 음악에 조예가 깊은 대학생의 우상이 됐다.

1969년 3월에는 〈문화방송〉 라디오의 '별이 빛나는 밤에'와 같은 심야 음악 프로그램이 생겨나면서 청취자가 방송 진행자에게 신청 음악과 자신의 이야기를 담은 엽서를 보내는 붐이 일었다. 이종환과 박원웅, 이수만 등 당시 잘나가던 DJ와 가수들이 '별밤지기'를 하면서 청취자들이 신청한 팝송과 포크송을 사연과 함께 들려주며 초대 손님과 대담하는 진행 방식이었다. 이 프로그램은 다방 DJ가 손님들의 신청 음악을 틀어 주며 교감하던 문화가 그대로 이어진 형태였다. 전국 대도시의 다방에서는 '별이 빛나는 밤에'나 '밤의 디스크쇼', 〈동양방송〉의 '밤을 잊은 그대에게' 등 라디오 프로그램에 신청한 엽서들을 모아 전시회를 개최하고 이들 가운데 관람객이 뽑은 예쁜 엽서를 시상하기도 했다. 다방이 라디오 방송 음악 프로그램을 매개로 한 대중적인 커뮤니케이션 공간으로 이용된 셈이다.

음악다방은 노래 문화 운동, 소위 건전한 '떼창' 문화를 이끌기도 했다. 1970년 시청에서 서소문으로 향하는 길 안에 '코러스 다실'이 문을 열었다. 노래방이 없던 시절 노래를 부르며 젊음을 발산할 수 있는 특별한 다방이었다. '코러스의 집'으로 불리던 이곳은 입장하는 사람들에게 동요, 한국 민요, 한국 가곡, 한국 가요, 외국 가요 순서로 노래가 수록된 가사집을 한 권씩 주었다. 그 당시 음악다방이 팝송과 장발족, 고고춤의 난무장으로 변해 가는 데 대한 반발과, 함께 모여 노래를 부를 수 있는 곳이 거의 없었다는 이유 때문인지 이곳은 남녀노소가 어우러져 맘껏 부를 수 있는 떼창으로 인기가 높았다. 코러스 다방의 주요 레퍼토리에는 '아리랑'과 '밀양 아리랑' 등 경쾌한 민요도 포함될 정도였다.

코러스의 진행은 사회자의 주도로 오르간, 아코디언, 기타 등의 반주에 맞춰 3명의 합창단이 선창을 하면 모두가 노래를 따라 부르는 방식이었다. 대학생들이 중심인 청년들은 가사집을 펼쳐 들고 낯선 민요나 새로운 노래를 배웠다. 요들송 가수인 김홍철, 바블껌의 이규대 등이 사회를 봤는데, 주말에는 앉을 공간이 없을 정도로 청년들로 붐볐다.

코러스 다실에서는 1970년대 중반까지 5집의 악보를 발

음악다방의 인기몰이와 대중문화 확산

행하며 노래 문화 운동을 이어 갔다. 훗날 이름을 날린 심형래·주병진·남궁옥분·임지훈 등과 같은 연예인도 이곳을 드나들었다. 노래를 좋아하는 남녀의 사교 공간이 되면서 1973년에는 '코러스 살롱'이라는 제목으로 반주자의 노래를 따라 부르는 모습이 신문과 잡지 등에 실렸다.[4]

음악다방은 국내 대중 가요뿐만 아니라 1960년대 고고와 소울, 사이키델릭을 거쳐 팝 뮤직을 접하는 공간으로, 때론 세대를 드러내는 노래 문화 공간으로, 1980년대까지 대중문화 확산에 크게 기여했다. 이 무렵 다방은 DJ가 이끌어 가는 젊은 층의 음악다방과 중장년 이상의 어른들이 대화를 하며 차를 마시는 다방으로 확연히 구별되면서 발전했다.

4    아리랑아카이브 http://www.arirangarchive.com.

PART V.

한국 근대화가 낳은

발명품

음악다방을 통해 커피가 노래에 녹아들면서 커피를 찾는 사람들도 늘어났다. 아무 맛도 없이 쓰기만 한 커피에 얼굴을 찡그리던 사람들도 쓴맛에 더해진 설탕과 크리머를 넣은 커피에는 얼굴을 활짝 폈다. 주당酒黨 일색이던 사회가 해방 이후부터 커피와 설탕 맛에 서서히 빠져들면서 커피와 설탕은 귀물 중의 귀물이 됐다.

1960년대 후반부터 커피의 주요 수요처였던 다방 수도 크게 늘어나 해방이 될 무렵 불과 30여 개에 불과했던 다방이 1969년 말에는 4,613곳에 달했다. 다방의 연간 판매액은 무려 62억 5,500만 원으로, 60퍼센트를 웃도는 45

억 원이 커피 판매액이었고, 20퍼센트가 홍차와 주스 등 기타 차류였다. 하루 평균 다방 한 곳에서 소비되는 커피를 3파운드약 1.4킬로그램로 치면 줄잡아 다방에서만 연간 2,500만 톤의 커피가 소비되고, 가정 소비량까지 합치면 3,000톤을 넘어, 이를 비용으로 환산하면 연간 35억 2,500만 원에 이르렀다.[1] 서울 시내만 해도 1970년에는 2,673곳이었던 다방이 1971년에는 3,044곳으로 늘어났으니 커피 소비량은 실로 엄청났다.[2]

문제는 이렇게 다방이 늘어나면서 소비되는 커피는 거의 가공을 위해 수입하는 커피이거나, 미군 PX에서 유출되거나 불법 루트를 통해 동대문 시장과 남대문 시장의 도깨비 시장에서 흘러나온다는 사실이었다. 1971년 농협중앙회의 '농림 수산물 수입 상황 집계'에 따른 커피 수입량을 보면, 1969년 17만 8,000달러이던 커피 수입액이 1970년 한 해 동안 77만 9,000달러로 큰 폭으로 증가했다.[3] 가정에

---

1   '한해 다방서 45억원어치 마셔', 〈조선일보〉, 1970년 4월 21일자 4면.
2   ''환각제 마리화나의 아지트' 명동의 '심지' 폐쇄', 〈조선일보〉, 1972년 2월 12일자 7면.
3   '커피류 수입량 급증', 〈동아일보〉, 1971년 2월 3일자 2면.

커피, 이토록 역사적인 음료

서 소비되는 커피와 일부 다방의 커피는 군용품인 유니버설을 비롯해 맥스웰, MJB, 힐스브로스, 홀가 등 PX에서 흘러나오는 커피로 채워졌다. 이러한 유출품은 브로커를 통해 각 다방에 공급됐으며, 동대문 시장과 남대문 시장을 비롯한 전국 주요 도시의 도깨비 시장에서 불법 유통되거나 미제 보따리장수의 손을 거쳐 가정에도 판매됐다. 가격은 1파운드약 450그램 커피 한 병이 700원에서 750원이었지만 워낙 수요가 많아 불티나게 팔렸다. 한때 정부에서는 외화 유출을 막기 위해 국산 커피 제조를 장려해 감로 커피, 왕자 커피 등이 나왔으나 외제 커피의 맛을 따라가지 못했다.

미군 PX에서 흘러나와 유통되는 커피 때문에 외화 유출이 심해지면서 '커피 망국론'이 줄기차게 대두됐다. 정부는 불법 루트를 차단하고, 커피를 국산으로 대체하며, 커피 생산을 합법화해 커피 유통 질서를 바로잡아 수출까지 꾀한다는 목적으로 1968년 동서식품이 신청한 150만 달러의 커피 공장 건설 차관을 승인했다.

동서식품이 커피 공장 건설에 나서게 된 배경에는 1968년 10월 21일 청와대에서 열린 수출 진흥 확대 회의가 있었다. 박정희 대통령은 정식으로 통관 절차를 밟고 수입되는 커피는 연간 10만 달러 정도인데 실제로 소비되고 있는 커피가 100만 달러어치가 넘는 기현상을 지적하며, PX에서 물품이 유출되는 것을 방지하기 위해 시장에 나가 압수하는 등 미온적인 단속에 그치지 말고 근본적인 방지책을 마련하라고 지시했다.[4]

　동서식품은 건설 공사 승인 차관을 계기로, 처음에는 이스라엘 엘리트Elite 커피 회사와 기술을 제휴해 한 해에 1,350톤의 브라질산 커피 원두를 수입해 가공한 후 인스턴트 분말 커피와 레귤러커피로 제조하여 '엘리트'란 상표를 붙여 국내 다방과 호텔, 가정용으로 판매할 계획을 세웠다. 이렇게 되면 특정외래품판매금지법으로 판매가 금지되어 PX를 통해 유출되거나 밀수입으로 국내에서 유통되던 외제 커피를 대체할 것으로 기대했다. 또한 엘리트 커피 수출 루트를 통해 홍콩과 싱가포르 등에 인스턴트커피를 수출해 연간 66만 달러의 외화를 벌어들인다는 계획이었다.

4　'항구적인 조림사업을', 〈경향신문〉, 1968년 10월 22일자 2면.

그러나 이러한 계획이 발표되면서부터 커피 공장을 위해 차관을 들여오고 해마다 100만 달러에 달하는 커피를 수입하는 것이 외화 낭비라는 비난이 잇따랐다. 동서식품은 이스라엘의 UDI 식품 회사와 합작 공장을 세우려다가 투자선을 바꾸어 1970년 5월 22일 미국의 대표적인 식품 회사로 맥스웰하우스를 보유한 제너럴푸드와 최종 타결을 통해 합작 투자 및 기술 제휴 계약을 마치고 인천 부평에 공장을 착공했다. 언론에서는 국민의 소비 성향만 높여 사치를 조장한다고 비판했다.[5] 이러한 우려와 비판에도 불구하고 인천시 북구 효성동 4,700여 평의 대지 위에 세워져 연간 300톤의 레귤러커피와 500톤의 인스턴트커피를 생산하게 된 동서식품의 커피 제조 공장은 그해 9월 다방 등에서 사용하는 그라인드 커피인 맥스웰하우스 레귤러커피를 출시했고, 12월 20일부터는 병에 든 인스턴트커피를 출시하기 시작했다. 다방과 가정용 두 종류의 커피가 생산되면서 비로소 국산 커피 산업이 시작되고 커피의 대중화 시대가 열렸다.

---

5    '겉도는 검소 절약 구호-외자들여 커피 공장', 〈경향신문〉, 1970년 7월 3일자 7면.

동서식품이 주도한 한국의 커피 시장

동서식품은 맥스웰 커피를 출시하자마자 '언제 어디서나 안심하고 사실 수 있는 세계의 커피'라는 제목으로 신문에 대대적인 광고를 했다. 크리스마스를 앞둔 때여서인지 〈조선일보〉 전면 컬러 광고에는 크리스마스트리를 배경으로 각각 용량이 다른 두 종류의 레귤러커피와 인스턴트커피 사진을 싣고 연말 커피 선물 세트를 홍보했다. 이듬해에는 더욱 공격적인 마케팅을 시작했다. 1971년 커피 광고에는 문인들과 학자들이 등장했다. '우리는 맥스웰을 마십니다'라는 제목으로 작가 정비석, 조경희, 영문학자 김종길, 한글학자 한갑수, 탤런트 이영임이 커피 잔을 들고 있는 모습의 광고를 시작했다. 9월 신문에 난 '우리는 맥스웰을 마십니다' 광고에는 〈TBC〉에서 '맥스웰 쇼'를 담당하는 민창기 아나운서와 '일요 응접실'의 박혜자 아나운서, 〈MBC〉 '모닝 쇼'를 이끄는 이숙자 아나운서가 등장했다. 작가와 학자, 탤런트, 텔레비전에서 쇼를 담당하는 아나운서의 미소와 함께 커피가 풍기는 차분하고 지적인 느낌을 돋보이게 하는 광고였다.

유명인을 통해 브랜드에 대한 신뢰감을 형성하는 광고는 처음 출시한 인스턴트커피인 맥스웰 화인을 널리 알렸

1971년 4월 5일자 〈동아일보〉에 실린 맥스웰하우스 광고.

다. 당시 뛰어난 맛과 품질에 대한 소문으로 소비자를 사로잡기 위해 1972년 1월부터는 '우리는 맥스웰을 권합니다'라는 제목의 광고도 시작했다. 이 광고에는 〈TBC〉 텔레비전의 박혜자 아나운서와 탤런트 이순재, '신라의 달밤' 작사가로 유명한 극작가 유호, 조선호텔 식회 지배인 이창선 등이 모델로 등장했다. 대중에게 알려진 스타들과 음식 조리 분야의 전문가를 내세워 국산 커피에 대한 신뢰감을 심어 주기에 충분했다.

1972년부터는 국내의 한 기업이 스위스 네스카페와 합작으로 공장 건설을 신청한다는 소식과 미주산업이 브라질산 커피를 수입해 원두커피인 산토스 커피를 판매하기 시작하자 동서식품은 바짝 긴장하며 경쟁에 대비했다. 동서식품은 '생활 속의 행복'을 카피로 당시 최고의 인기를 누리던 영화배우 김진규를 단독 모델로 내세워 연예인이 혼자 등장하는 커피 광고 시대를 열었는가 하면, 가정주부들을 대상으로 일상생활 속에서의 커피와 행복한 삶을 주제로 한 커피 에세이 공모를 열어 대중에 가까이 다가섰다.

동서식품의 맥스웰하우스가 독점한 커피 시장에 미주산

업의 산토스 커피가 등장하면서 생긴 경쟁은 새로운 제품 개발로 이어졌다. 동서식품은 '프리마'라고 불리는 커피 크림을 자체 기술로 개발해 1974년 연말에 출시했다. 프리마는 빠르게 타서 마실 수 있는 맥스웰 화인을 마실 때 커피의 쓴맛을 잡아 주고 커피의 향을 한층 부드럽고 그윽하게 해 준다고 광고를 하면서 불티나게 팔려 나갔다. 신문 광고에서 맥스웰하우스 커피 병을 앞에 둔 영화배우 김진규가 오른손에는 커피 잔을 들고 프리마 병을 왼손으로 치켜든 모습은 프리마가 커피에 필수라는 사실을 인상 깊게 알렸다.

인스턴트커피의 인기와 더불어 1976년 이후 커피 인구는 급격한 증가 추세를 보였다. 1978년만 해도 3,240톤의 커피 원두가 들어왔으며, PX 등을 통해 흘러나오는 커피까지 합하면 3,500톤의 커피가 국내에서 소비됐다. 커피 한 잔을 10그램으로 치면 3억 5,000만 잔으로 전 국민이 1년에 10잔 반 정도를 마시는 셈이 된다. 커피에 빠져든 우리나라의 커피 인구는 대략 10퍼센트 정도로 추산됐다.[6]

6    '수입품 시대', 〈조선일보〉, 1978년 4월 19일자 1면.

동서식품이 주도한 한국의 커피 시장

커피 인구가 늘어나고 커피가 대중 식품이 되면서 두 가지 종류의 원두커피가 출시됐다. 동서식품은 1977년 진하고 강한 맛의 네오칸 원두커피와 부드럽고 그윽한 맛을 지닌 모카골드 원두커피 판매를 시작했다. 다방에서도 원두커피를 취향과 기호에 따라 선택해 마실 수 있게 된 것이다.

인스턴트커피 시장을 이끈 동서식품의 커피는 1970년대 후반까지 경쟁자 없이 독점을 유지하며 한국 커피 시장의 90퍼센트를 장악했다. 동서식품 맥스웰 커피가 다방 원두커피 시장을 잠식해 가자 1978년에는 미주산업, 시스코도 경쟁에 뛰어들었다. 맥스웰이라는 브랜드의 약진을 발판으로 동서식품은 제품 개발을 강화해 1982년 카페인이 97퍼센트 제거된 맥스웰 상카를 출시한데 이어 찬물에 잘 녹는 그래뉼 커피를 잇따라 출시했다.

인스턴트커피의 소비가 점점 증가하면서 사람들이 마시는 차 가운데 커피가 절대 우위를 차지하게 됐다. 서울의 경우 다방 수익에서 커피 판매액이 전체의 80퍼센트를 차지할 정도로 커피는 대세였다. 정부에서는 커피에 대해 가격 자유화 제도를 두어 소비를 억제하려 했다. 커피 원두

1970년대 인기가 높았던 커피.

수입으로 인해 외화 낭비가 막대하다며 다시 '커피 망국
론'이 대두되면서 커피를 줄이고 대추차나 생강차 등 우리
고유의 차를 마시자는 여론도 있었으나, 이미 커피에 길들
여진 입맛을 바꾸기에는 역부족이었다. 심지어는 커피의
맛을 대신할 수 있는 치커리로 만든 커피도 나왔으나 커피
를 대체할 수는 없었다.

　커피 수요가 급증하면서 국내 유리병 생산 시설이 커피
병을 제때 공급하지 못하는 일까지 발생했다. 동서식품에
서는 1979년 3월부터 중앙 일간지에 '맥스웰 커피 빈병 회
수를 부탁드립니다'라는 광고를 크게 싣고 집 안에 묵히고

있는 커피 병을 슈퍼마켓이나 소매점에 되돌려 줄 것을 요청했다. 이러한 호소에도 불구하고 빈병 회수는 제대로 되지 않았다. 집집마다 유리병이 귀하던 시절 150그램짜리 큰 커피 병은 집에서 양념 통으로 썼고, 50그램짜리 작은 병 대부분은 학생들의 책가방 속에 김치나 깍두기를 담아 다니는 반찬 통으로 사용했기 때문이다.

별이 그려진 빨간 뚜껑의 맥스웰하우스 커피 병과 익숙해지던 학창 시절을 거치며 그 시절 커피는 낭만의 상징이었다. 가수 장계현이 1977년에 발표한 노래 '나의 20년'에서 "커피를 알았고 낭만을 찾던 스무 살 시절에 나는 사랑했네"라고 했다. 커피는 청춘들까지도 모두가 배워 가며 낭만으로 여기던 추억이었다.

1982년 동서식품은 냉동 건조 커피 맥심, 맥스웰하우스, 프리마, 커피믹스, 다방용 마스터 브랜드 등 명실공히 국제 규격 커피 전 품목을 갖춘 회사로 자리 잡았다.[7]

우리나라의 인스턴트커피가 발전하게 된 데에는 1989년 두산그룹이 스위스 네슬레와 합작한 한국네슬레와

---

7    '맥스웰하우스 커피의 세계(광고)', 〈동아일보〉, 1982년 10월 23일자 12면.

1990년에 미주산업을 인수한 미원음료가 커피 시장에 진입하면서부터다. 1989년 한국네슬레가 1988년 착공한 청주 공장이 시험 가동에 들어가고 네스카페와 테이스터스 초이스 등의 브랜드로 본격적인 커피 생산에 돌입한다는 뉴스가 전해지면서 커피 시장 경쟁이 본격화했다. 세계 커피 시장의 양대 산맥인 미국 제너럴푸즈와 스위스 네슬레가 한국 시장에서 정면 대결에 돌입한 것이다. 그동안 1,500억 원 규모의 국내 커피 시장을 90퍼센트 이상 잠식하며 독주한 동서식품은 이미 PX를 통해 국내 소비자에 널리 알려진 네슬레의 네스카페와 테이스터스 초이스 브랜드를 잘 알기에 만만치 않은 상대를 만났다며 긴장했다. 여기에 미주산업도 인스턴트커피 출시와 원두커피 납품 업소에 대한 지원을 강화하면서 시장 판도에 변화는 불가피해졌다.

커피 시장이 경쟁 체제로 바뀌면서 동서식품은 기득권을 유지하기 위해 신제품 개발과 커피 용기와 디자인을 바꾸는 등 제품 고급화에 전력을 기울였다. 또 저가당 커피믹스, 맥심 모카골드, 맥스웰 에스프레소 등 신제품을 잇달아 출시하며 네슬레가 넘보지 못할 정도로 제품을 다양화했다. 1979년부터 이유식으로 국내 시장에 진출한 데 이어 꾸준히 국내 판매를 시도했지만 무산된 네슬레도 네스카페와 테이스터스 초이스를 앞세워 한번에 시장에 안착하기 위해 노력을 기울였다. 커피 제조 회사들은 브라질을 비롯해 콜롬비아, 과테말라, 우간다, 앙골라, 인도네시아 등지에서 수입한 커피를 가공해 판매하는 각축전을 벌이며 경쟁을 이어 갔다. 두산그룹을 등에 업은 네슬레 커피가 동서식품이 독점한 시장 틈새를 잠식하며 점유율을 높여 갔다.

1995년 커피 시장은 동서식품이 66.7퍼센트로 여전히 우위를 점하고 있었으며, 네슬레가 23퍼센트, 미원음료가 2퍼센트 순이었다. 한국 커피 시장은 여전히 동서식품이 주도하고 있었다.

# 커피믹스의 탄생에는
# '비빔밥 문화'가 있다

동서식품이 우리나라 최초의 인스턴트커피 '맥스웰하우스 커피'를 출시한 지 6년이 지난 1976년 커피믹스를 세상에 내놓았다. 인스턴트커피가 누구나 스푼으로 떠서 끓인 물에 넣어 마실 수 있는 시대가 됐어도 사람들이 보기에는 영 만족스럽지 않았다. 커피의 쓴맛을 잡기 위해 설탕이나 크리머를 넣어야 했고, 그마저도 배합 비율이 때마다 달라 맛이 제각각이었다. 이러한 부족함을 한 방에 해결한 인스턴트커피의 '끝판왕'이 바로 '커피믹스'였다.

커피믹스는 분말 크리머인 '프리마'를 개발한 동서식품이 폴리프로필렌과 알루미늄박 등 다층 포장재로 방습 포장한 작은 봉지 안에 1회 분량의 커피와 크리머, 설탕을 넣어 만든 커피다. '프림'이라고 불리는 크리머는 비우유non dairy인 식물성 유지를 사용해 물에 잘 녹는 분말 형태로 만든 것으로 부드럽게 커피의 쓴맛을 잡아 준다. 1952년 '프림Pream'이란 상표로 출시된 이래 미국에서 물에 잘 녹는 커피 크리머를 판매했고, 1961년에는 스위스 네슬레가 식물성 지방으로 만든 '커피메이트'를 출시하면서 큰 인기를 끌었다. 우리나라에서도 1974년 동서식품이 '프리마'를 개발하기 전까지는 미군 부대를 통해 흘러나온 커피메이트가 알음알음 입소문이 난 제품이었다. 테이스터스초이스, 맥심, 맥스웰하우스와 함께 양품을 파는 일명 '미제 아줌마'를 통해서였다. 프리마가 나오면서 브랜드명인 '프리마'로 불릴 만한데도 거의 모든 사람들이 크리머를 편하게 '프림'이라고 했다. 커피믹스는 인스턴트커피에 크리머와 설탕을 가장 이상적인 비율로 배합해 부드러운 맛과 단맛을 잡아 주는 '꿀조합' 커피다.

이러한 이상적인 조합의 바탕에는 다방 커피 통계도 중요한 작용을 했다. 예전에 다방에서 커피를 주문하면 다방 레지들이 주문받은 커피를 들고 와 옆자리에 앉아 "설탕과

1970년대부터 '미제 아줌마', 도깨비 시장을 통해 전국으로 퍼진 인스턴트커피.

프림을 몇 스푼 넣을까요?"라고 물어본다. 때론 자신이 마실 커피도 들고 와 묻는다. 이때 손님들이 "둘 둘"이라고 하면 설탕 두 스푼과 크리머 두 스푼을 넣고 휙휙 휘젓는다. 그러곤 한 스푼 떠서 자기 입으로 가져가 맛을 보곤 다시 침이 묻은 그 스푼으로 몇 번 더 저어 손님 앞으로 밀어준다. 다소 황당하고 비위생적으로 보일 수도 있지만 이런 일은 비일비재했다. 커피의 쓴맛을 잡기 위해 크리머와 설탕을 넣고, 여기에 더해 가수 분해 효소인 아밀라아제amylase를 가미한 셈이다. 이러한 서비스 때문인지 레지가 들고 와 마시는 한 잔도 손님의 커피값에 포함되는 것이 당연했다.

다방에서 커피를 마실 때 커피 한 스푼에 설탕과 크리머 두 스푼을 넣는 '1 대 2 대 2의 법칙'과 인스턴트커피에 둘 둘 둘을 넣는 '2 대 2 대 2의 법칙' 등은 사람들의 취향에 따라 달랐지만 최대한 맛있게 마시는 평균값이 됐다. 이러한 경험치가 빅 데이터처럼 쌓여 '황금 비율'이라는 이름으로 커피믹스를 만드는 바탕이 되었다.

물의 양과 설탕, 크리머를 넣는 양에 따라 다른 맛을 내는 커피는 커피믹스가 나오면서 뜨거운 물만 부으면 최적의 맛을 내는 커피로 바뀌었다. 더욱이 보관하기가 간편하고 휴대가 쉽기 때문에 언제 어디서든 손쉽게 마실 수 있었다. 다방 커피에 길들여져 왔던 맛을 그대로 살린 커피믹스는 단숨에 온 국민을 커피의 달고 쓴맛에 푹 빠지게 만들었다.

커피믹스의 탄생 배경은 무엇이든 비빔밥처럼 '섞고 비비는' 한국인 특유의 비빔밥 문화에 '빨리빨리' 문화가 더해졌기 때문이라고 할 수 있다. 전 세계에서 우리나라처럼 섞고 비비는 음식 문화가 발달한 나라를 찾아보기 힘들다. 비빔밥 문화는 서로 다른 이질적인 재료의 통합과 융합이 핵심이다. 오랜 세월 축적된 정보를 바탕으로 새로운 발현이 이루어지는 것을 창의성이라고 할 수 있는데, 커피믹스는 해방 이후 근대화를 목표로 한 빠른 경제 성장 속에서 하나의 미덕으로 받아들여진 '빨리빨리' 문화와 정보와 재료가 함께 버무려지는 통합과 융합 과정에서 생겨난 초유의 발명품이라고 할 수 있다.

커피믹스가 출시된 후 본격적으로 광고를 시작한 때는 1982년부터다. 커피믹스는 당시 산악인이나 낚시꾼을 목표로 삼아 야외에서도 커피를 즐길 수 있다는 '믹스 커피

타임'이라는 주제로 광고를 했다. 신문 하단에 크게 자리한 광고 문구도 '월척과의 줄다리기 시합. 한숨 돌립시다-커피믹스 타임'이나 '산을 사랑한다 커피믹스를 사랑한다'였다. 전국 주요 등산로에도 어김없이 커피믹스를 판매하는 노점상이 등장하기도 했지만 그리 많이 팔리지는 않았다. 산악인이나 낚시꾼보다는 마시기가 간편하다는 사실을 알게 된 일반 국민들이 커피믹스 맛에 빠져들면서 판매량이 가파르게 상승하기 시작했다.

이 무렵 커피믹스가 통으로 판매되기도 했지만, 낱개로 한 봉지에 45원이면 살 수 있어 누구나 쉽게 구해 편하게 마실 수 있었다. 모두가 허리띠를 졸라매던 시절, 손님이 오면 접대하기 위해 한 봉지에 45원이던 커피믹스 한두 개를 사들고 가던 모습은 흔한 풍경이었다.[1] 저렴한 값의 커피믹스는 서민의 일상에 인스턴트 문화로 깊이 파고들어 커피 대중화를 이끌었다. 커피믹스는 커피가 외화를 낭비하는 음료, 상류층의 사치품이란 인식을 불식시키기에 충

---

1    '커피와 함께 한우물 25년 커피전문회사 동서식품', 〈경향신문〉, 1995년 1월 30일
      자 12면.

커피, 이토록 역사적인 음료

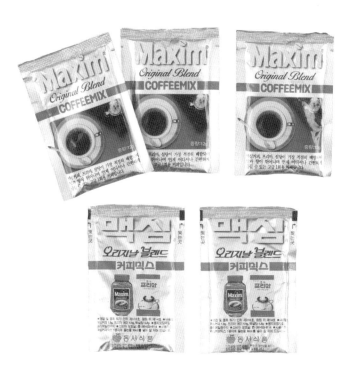

1980년대 후반 동서식품에서 판매한 직사각형 커피믹스.
1980년대를 거치며 커피믹스는 국민 커피로 전성기를 누리게 됐다.

분했다.

커피믹스가 처음 생산될 때는 직사각형의 '파우치' 포장 형태가 주를 이뤘으나, 1989년 노란색 맥심 모카골드가 나오면서 스틱형이 대세가 되기 시작했다. 긴 스틱 형태가 자리 잡게 된 데에는 종이컵만 있으면 야외 어느 곳에서나 커피믹스를 넣고 물을 부어 쉽게 저어 마실 수가 있었는데, 파우치 포장보다는 스틱형이 털어 넣기가 쉽고, 봉지를 접어 스푼 대용으로 커피를 젓기에 편했기 때문이다. 그게 전부는 아니었다. 설탕에 대한 선호가 다른 소비자를 위해 스틱형은 포장의 아래쪽에 설탕을 두어 봉지를 개봉한 후 커피를 부을 때 설탕 부분을 엄지와 검지로 쥐어 설탕 양을 조절할 수 있게 했다. 또한 봉지를 쉽게 뜯을 수 있는 '이지컷' 기술을 도입해 개봉 시 불편함을 크게 줄였다.

커피믹스는 1990년대 들어 외환 위기로 인해 구조 조정 바람이 불 무렵부터 폭발적인 성장을 하게 됐다. 대기업의 사무실마다 아침에 커피를 타 주던 여직원이 가장 먼저 해고되면서 각자 커피를 타 마시는 문화가 일상이 되기 시작했다. 이때 커피와 크리머, 설탕을 이상적인 비율로 배

1990년대 동서식품의 커피믹스.

합해 모두의 입맛에 잘 맞는 커피믹스가 최선의 대안이 됐다. 뜨거운 물이 나오는 냉온수기가 사무실에 보급된 것도 커피믹스가 직장을 중심으로 붐을 일으키는 데 한몫했다.[2] 뜨거운 물을 내려 10초 이내에 커피 한 잔을 마실 수 있었기 때문이다.

2018년 기준으로 우리나라는 한 사람이 연간 350잔의 커피를 마시는 커피 소비 대국이다. 이 가운데 절반에 가까운 150잔이 커피믹스다. 전국 어디서나 한 집 건너 커피 전문점이 생길 만큼 원두커피를 선호하는 사람이 크게 늘어났어도 커피믹스의 인기는 여전하다. 동서식품의 베스트셀러인 맥심 모카골드는 국내 커피믹스 시장에서 가장 많이 판매되는 '국민 커피'로 불리고 있다.

커피믹스는 2017년 통계청이 진행한 설문 조사에서 '한국을 빛낸 10대 발명품'에도 들었다. 1위를 한 훈민정음과 거북선, 금속 활자, 온돌에 이어, 간편하다는 장점과 '빨리빨리' 문화의 산물이자 커피의 대중화를 이끈 주역인 커피믹스가 5위를 차지한 것이다. 세계 최대 전자 상거래 업체

---

2    동서식품 홈페이지 www.dongsuh.co.kr.

인 미국 아마존과 이베이에서도 커피믹스의 판매량은 라면과 고추장 다음으로 높다.

커피믹스는 외국인들에게도 인기다. 커피믹스는 한국을 방문한 외국인들이 사가는 기념 선물이 됐고, 외국인의 먹방 채널에서도 믹스 커피 이야기가 끊이지 않는다. 영국인 조쉬와 올리가 한국의 문화, 특히 먹거리를 체험하며 반응을 전하는 채널로 2024년 11월 현재 607만여 구독자를 확보하고 있는 인기 유튜브 '영국남자'에서도 '한국 믹스 커피를 처음 먹어 본 영국인들의 반응!?!'편은 870만 회를 훌쩍 넘는 조회수를 기록할 만큼 인기 콘텐츠다. '영국남자'에서 믹스 커피를 처음 마신 영국인들의 반응을 그대로 보여 준다. 느끼는 맛을 여과 없이 노출시키면서 커피가 얼마나 맛있는지도 증명하고 있다. 커피믹스 맛에 반한 이들은 "필터 커피랑 같은 급"이라든지 "마실수록 점점 맛있어지는 커피", "맛의 새 발견이다 It's like a revelation!"라며 감탄하기도 한다.

커피믹스는 갱도에 갇힌 사람도 살렸다. 2022년 경북 봉화의 매몰된 광산에서 광부 2명이 221시간 만에 기적의 생환을 했다. 지하 190미터 지점에 고립됐던 두 사람은 작

커피믹스의 탄생에는 '비빔밥 문화'가 있다

업 전 챙겨 갔던 커피믹스 30봉지를 먹으며 버텼다. 커피
믹스 한 봉지가 보통 50킬로칼로리인데다가 나트륨과 지
방, 탄수화물 등 다양한 영양소가 포함돼 있어 이들에게
비상식량 역할을 한 셈이다.

커피믹스는 어느새 가정과 사무실, 식당에서 빠지면 아
쉬운 식품으로 자리 잡았다. 커피믹스는 동남아시아를 거
쳐 미국과 중남미, 유럽 등지에도 수출되고 있다. 2000년
대 들어서는 커피믹스의 성공을 지켜본 글로벌 식품 기업
네슬레를 비롯해 남양유업, 롯데칠성음료, 심지어는 프랜
차이즈 커피 회사에서도 모방 제품을 시장에 잇따라 출시
하며 동서식품이 독주한 커피믹스 시장을 잠식해 가고 있
다. 믹스 커피 시장이 경쟁 체제로 바뀌면서 더 다양한 커
피믹스 제품이 연이어 출시되고 있다. 건강에 대한 관심이
높아지면서 카세인나트륨 대신 우유를 넣은 커피가 나오
는가 하면, 설탕 대신 스테비아를 넣은 커피도 쏟아져 나
오고 있다. 에티오피아 프리미엄 원두를 사용해 갓 갈아낸
원두 향과 맛을 살린 믹스 커피도 인기다.

커피믹스는 다방 커피에 길들여진 맛을 그대로 살려 커
피와 크리머, 설탕을 한국인의 입맛에 알맞게 맞춘 발명품

이다. 한국이 만든 커피믹스가 세상 어디에도 없는 인스턴
트커피로 알려지게 될 때까지 채 50년이 걸리지 않았다.

커피믹스의 탄생에는 '비빔밥 문화'가 있다

# 커피 자판기의 등장과
# 다방의 위기

기록을 찾아보니 우리나라에서 커피를 파는 자동판매기는 1973년 2월 서울 시민홀에 설치된 커피·홍차 자동판매기가 사실상 최초였다. 이 자판기는 D회사가 서울시의 허가를 받아 잠정적으로 배치한 것으로 10원짜리 동전 3개를 넣고 커피나 홍차를 선택하면 한 잔씩 흘러나왔다. 뜨거운 보리차는 공짜였다.[1] 커피나 홍차에 보리차를 곁들이니 다방이 마치 길거리로 나온 듯했다. '길다방'의 시초가 된 셈이다. D회사가 어디라고 나와 있지는 않으나 아마도

1    '커피-홍차 자동판매기 등장', 〈조선일보〉, 1973년 2월 8일자 6면.

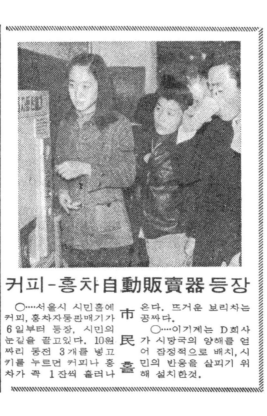

# 커피-홍차自動販賣器 등장

○……서울시 市民홀에 커피, 홍차자동판매기가 6일부터 등장, 시민의 눈길을 끌고있다. 10원 짜리 동전 3개를 넣고 키를 누르면 커피나 홍차가 꼭 1잔씩 흘러나 **市 民 홀** 온다. 뜨거운 보리차는 공짜다.

○……이기계는 D회사 가 시당국의 양해를 얻 어 잠정적으로 배치, 시 민의 반응을 살피기 위 해 설치한것.

서울 시민홀에 커피 홍차 자판기가 처음 등장했다는 소식을 전하는
1973년 2월 8일자 〈조선일보〉.

동서식품이 새로운 커피를 개발하면서 시민의 반응을 살피기 위해 설치한 것으로 보인다.

인스턴트커피를 취향대로 선택해 마실 수 있는 자판기다운 커피 자판기의 시초는 1977년 롯데산업이 일본 샤프사에서 수입한 커피 자판기 완제품 400대였다. 일본에서 1960년대 중반부터 '1조엔 산업'으로 각광을 받던 자판기가 들어오자 1978년부터는 삼성, 금성 등의 업체도 뛰어들었다. 당시 기술 부족으로 자판기를 제조할 수 없었던 삼성은 일본의 산요전기三洋電機와 제휴해 생산을 서둘렀고, 금성사는 일본의 후지전기富士電氣와 손잡았다. 이미 커피 자판기를 직수입한 롯데산업은 가장 먼저 이 자판기를 서울역을 비롯해 지하철 1호선 역, 백화점, 대학 도서관, 슈퍼마켓, 은행, 병원 등을 위주로 설치하기 시작했다. 커피 자판기에는 커피와 함께 인삼차, 홍차, 코코아 등이 있었는데, 하루 평균 판매량은 3만 5,000잔 정도였다. 화신和信과 동양정밀, 대한전선도 캔이나 병 음료 자판기 시장에 뛰어들어 치열한 판매 경쟁에 들어갔다. 자판기 시대가 열리면서 주요 도시 역 대기실, 버스 터미널에서 커피를 서서 마시는 시대가 열

렸다.[2]

 퇴근길 지하철에서 열차를 기다리는 동안 100원짜리 동전 하나를 넣고 버튼을 누르면 20초도 채 되지 않아 따뜻한 커피가 즉석에서 나오는 자판기는 간편함과 신속함을 추구하는 소비 추세를 그대로 반영했다. 당시 개발 분위기와 맞물려 '빨리빨리'를 외치는 한국인들의 취향에도 잘 맞아떨어졌다.

 1979년에는 이미 서울 시내 3,640곳의 다방 숫자보다 많은 4,000여 대의 커피 자판기가 설치됐는데, 여기서 하루에 팔리는 커피는 102만 잔이었다.[3] 커피 자판기 시장이 호황을 누리게 된 것은 자판기 운영으로 큰 수익을 낼 수 있었기 때문이다. 목 좋은 곳의 커피 자판기는 직장인 한 사람의 수입보다 훨씬 높은 수익이 나는 곳도 많았다. 게다가 커피 자판기는 대당 가격이 150만 원에서 200만 원 정도여서 적은 자본으로 최소 면적을 이용해 24시간 판매를

---

2    '자동판매기 시대의 개막', 〈동아일보〉, 1978년 7월 1일자 2면.
3    '커피·음료·담배·차표·빵… 자동판매기시대가 열린다', 〈조선일보〉, 1979년 11월 9일자 7면.

커피 자판기의 등장과 다방의 위기

할 수 있었으며, 현금 판매여서 자금 회전이 빠른 장점도 지니고 있었다. 자판기를 여러 곳에 설치한 업자들은 내용물인 커피, 설탕과 크리머, 물이 떨어지기 전 보충하고 동전을 수거하는 일이 전부였다. 이마저도 어려우면 관리인을 두면 될 정도로 운영이 어렵지 않았다.

삼성전자, 금성사, 롯데산업 등 대기업들이 뛰어든 커피 자판기 시장은 1978년 하반기부터 급성장하며 매년 100퍼센트 이상의 급격한 증가 추세를 보이기 시작했다.[4]

자판기 커피의 인기만큼 자판기의 성능도 하루가 다르게 진화했다. 1980년 삼성전자는 세계 최초로 냉온 겸용 자판기를 시판하면서 대대적으로 홍보를 시작했다. 기존의 자판기가 끓는 물에 주로 커피와 코코아 같은 따뜻한 음료를 파는 까닭에 아무래도 자판기를 구매한 사람들의 여름 수익이 시원치 않았다. 그런데 여름에는 냉주스를 팔고 겨울철엔 주스를 뜨거운 음료로 바꾸어 커피와 함께 팔 수 있도록 손쉽게 기계 조작을 할 수 있는 자판기가 나오면서 계절을 타지 않고 수익을 일정하게 올려 주는 자판기

---

4   남상군, '달려오는 자동판매기시대', 〈조선일보〉, 1982년 4월 15일자 5면.

로 인기가 높았다. 삼성전자는 냉온 겸용 자판기를 판매하면서 '여름 매상도 OK, 겨울 매상도 OK'라는 문구를 사용했다.

커피 자판기는 황금알을 낳는 사업이었다. 자판기가 무인 판매로 인건비를 절약하고, 상품을 24시간 판매할 수 있어 또 다른 투자로도 알맞아 널리 보급됐다. 커피 자판기 시장에 대기업이 뛰어든 1979년에 들어서면서 대학가에도 자판기가 빠르게 보급됐다. 대학마다 단과 대학 현관이나 휴게실, 도서관 복도 등에 자판기가 설치됐고 수업 전이나 휴식 시간을 이용한 커피 한 잔은 대학생들에게 일상이 됐다. 커피가 졸음을 이겨 내고 집중력을 높이는 효과가 있다고 알려지면서 도서관에서 특히 인기가 높았다.

커피 자판기가 대학뿐만 아니라 중고등학교 매점에까지 설치되면서 청소년들의 건강에 해롭다는 논란도 불러일으켰다. 심지어는 초등학교 매점마다 커피 자판기가 놓이고 서울 시내 초등학교 어린이들이 휴식 시간 틈틈이, 혹은 도넛으로 점심을 먹으면서 자판기에서 뽑은 커피를 서슴없이 마시는 사실이 알려지자 비교육적이고 건강을 해

친다는 비난이 일기 시작했다.[5] 서울뿐만 아니라 전국 곳곳의 초등학교 매점에도 자판기가 설치되어 학생들이 밀크 커피를 마신다는 사실이 알려지면서 이를 개탄하는 목소리가 높아졌다. 아무리 세태가 변했다 해도 초등학교에까지 손을 뻗친 커피 자판기는 어린이들의 건강에 큰 해를 끼친다는 논리였다. 어린이들이 밀크 커피를 서슴없이 마셔대는 모습은 당시로서는 가볍게 넘기기엔 석연치 않은 문제였다.

자판기에서 뽑아 마시는 커피는 질은 낮았으나 가성비는 다방이나 막 생겨나기 시작한 커피 전문점 커피에 뒤지지 않았다. 무엇보다 100원짜리 동전 하나로 마실 수 있는 커피여서인지 너나없이 편하게 마시고 부담 없이 사주며 권하는 최고의 커피였다. 자판기 내부에서 커피나 설탕, 크리머를 설정하는 데 따라 맛이 다른 까닭에 어느 단과 대학 어느 자판기 커피가 맛있다는 소문이 나면서 대학생들이 몰리는 현상이 나타났다. 자판기가 놓인 위치에 따라 다르기는 했으나 대학가의 자판기는 하루에 500잔 이

---

5    '국민교에까지 손뻗친 코피자동판매기', 〈조선일보〉, 1979년 11월 28일자 7면.

1982년 커피 자판기 모습.
ⓒ연합뉴스

상 팔리는 곳도 많았다. 학생회관이나 휴게실의 자판기는 이보다 더 많이 팔렸다.

1980년대 중반을 지나면서 커피 자판기는 빠르게 보급됐다. 대학가는 물론이려니와 기차역, 지하철역, 버스 터미널에는 자판기가 없는 곳이 없을 정도였다. 간편함과 신속함을 추구하는 소비 추세에 맞춰 커피는 물론 콜라와 주스, 사이다, 컵라면 등의 음료와 스낵류 등의 식품을 파는 자판기 시장은 뜨거운 성장세를 보였다. 1980년 1만 500여 대에 불과하던 자판기 보급 대수가 올림픽을 앞둔 1988년 6월에는 10만여 대로 늘어나더니 1990년에는 무려 14만 3,000대로 늘어났고, 1991년에는 20만 대에 육박했다.[6]

커피 자판기는 구매자가 10~20퍼센트의 계약금을 내고 매출이 괜찮다고 여기는 곳에 기계를 구입해 설치했다. 그러고는 여기에서 생긴 수익으로 할부를 갚아 가는 방식이었다. 할부는 24개월이 기본이었다. 기계를 판매한 대리점에서는 커피, 율무차와 코코아, 크리머와 설탕, 종이컵을

6     '자판기 시장이 뜨겁다', 〈매일경제〉, 1991년 7월 6일자 면.

커피, 이토록 역사적인 음료

1987년 〈조선일보〉 9면에 실린 금성자판기 광고.

공급하며 유지 관리에 도움을 주었다.

커피 자판기가 사람들이 모이는 곳이면 짭짤한 돈벌이가 되다 보니 자판기는 길거리나 백화점, 슈퍼마켓, 극장, 병원, 운동 경기장 등 어디서나 쉽게 볼 수 있는 기계가 됐다. 자판기를 어디에 놓느냐에 따라 벌이가 달라져서 자리 경쟁이 치열했다. 목이 좋은 곳에 자판기를 설치하려면 높은 프리미엄이 붙었다. 하루에 1,000잔이 넘는 커피가 팔리는 지하철이나 고속도로 휴게소, 대형 빌딩은 자판기 영업권을 공개 경쟁 입찰 방식으로 내놓아 개인이 뛰어들기에는 무리였다. 고등학교 구내에 설치하려면 500만 원에서 1,000만 원 정도의 시청각 기자재를 기증하거나 장학

커피 자판기의 등장과 다방의 위기

금을 내는 방식으로 자판기를 설치하는 게 관행이었다.[7]

높은 편리함을 추구하는 현대인의 생활 방식에 발맞춰 자판기가 폭발적으로 늘어나면서 동전 교환기 설치 요구나 오작동에 대한 불만과 자판기 위생의 불결함을 지적하는 목소리도 잇따랐다.

오작동은 주로 자판기에 동전을 넣고 커피를 선택해 눌렀는데 종이컵은 나오지 않고 내용물이 밑으로 주르륵 흘러버리거나, 커피나 설탕, 크리머를 관리자가 제때 보충하지 않아 맹물에 가까운 액체가 흘러나오는 경우였다. 특히 1988년 서울 올림픽을 앞두고 외국인들이 언어 소통의 어려움이 없이 필요한 물건을 구입할 수 있다는 이점 때문에 자판기 설치가 계속 늘어났지만 위생 상태가 도마에 크게 올랐다. 대형 건물이나 학교 등은 비교적 나은 편이지만 먼지가 날리는 거리나 화장실 입구 등에 설치된 자판기는 위생 관리에 구멍이 뚫린 곳이 많았다.[8] 비교적 잘 팔리는 곳의 자판기는 사람의 손길이 자주 닿아 문제가 없었지

---

7    '작은밑천 짭짤한 돈벌이 자동판매기', 〈매일경제〉, 1991년 11월 21일자 23면.

8    '자판기 불결한 곳 설치 많다', 〈동아일보〉, 1988년 8월 12일자 9면.

만 그렇지 않은 곳도 많았다. 커피나 설탕 등 내용물이 흘러나오는 노즐 부분과 물탱크를 자주 청소해 주어야 하는데 습도가 높은 자판기 내부 관리가 제대로 되지 않다 보니 바퀴벌레나 개미 소굴이 되어 섞여 나오거나 물에서 냄새가 나는 경우도 많았다. 자판기 문제는 커피 기계의 마모로 인한 고장보다는 관리 때문에 발생한 경우가 대부분이었다.

동전만 먹고 고장이 잦은 경우도 흔했다. 자판기 보급이 늘어나면서 곳곳에서 동전만 먹고 커피가 나오지 않는다는 하소연이 잇따랐다. 제대로 작동이 되지 않는 자판기 앞에서 제대로 된 내용물이 나오지 않거나 동전만 먹고 고장인 자판기는 이용자를 황당하고 불쾌하게 했다. 기분이 언짢아 동전 투입구를 주먹으로 두드려 봐야 헛일이었다. 고등학생 두 명이 동전을 넣었는데도 커피가 나오지 않자 화가 치밀어 자판기에 발길질했다가 불구속되는 일이 벌어지기도 했다.[9] 이렇게 짜증 나는 경험이 곳곳에서 많아지면서 커피 자판기에 대한 불신도 커져만 갔다.

---

**9**   '휴지통', 〈동아일보〉, 1991년 9월 7일자 19면.

커피 자판기의 등장과 다방의 위기

서울 올림픽을 전후로 급속도로 보급된 커피 자판기는 말도 많고 탈도 많은 세월을 거치며 1990년대 이후 길거리 어디서나 쉽게 볼 수 있게 됐다. 자판기를 설치한 업자들에게는 그만큼 황금알을 낳는 사업이었다.

자판기에서 뽑아 마실 수 있는 커피는 빠르고 편리했다. 동전을 넣어 떨어지는 소리가 난 후 선택 버튼을 누르고 손에 커피 잔을 쥐기까지 채 20초가 걸리지 않았다. 커피가 흘러내리고 있음을 알리는 '빨간불'이 채 꺼지기도 전에 문을 열고 종이컵을 잡는 사람은 '100퍼센트 한국 사람'이라는 농담도 생길 정도였다. 인스턴트커피와 빨리빨리 문화에 익숙한 한국인들에게 바로 뽑아 마시는 자판기 커피는 최상의 커피였다. 길을 가다 보면 어느 곳에서나 볼 수 있는 커피 자판기는 처음에는 각각의 재료 통에 담긴 커피와 설탕, 크리머를 선택에 따라 섞는 방식이었다. 그러나 1990년대 들어 자판기가 진화하면서 맥스웰하우스나 네스카페를 재료로 한 일반 커피와 맥심이나 테이스터스 초이스를 재료로 한 고급 커피로 차별화됐다. 고급 커피가 100원 남짓하던 일반 커피에 비해 배나 비쌌지만, 이왕이면 다홍치마라는 식으로 '고급' 커피가 훨씬 잘 팔렸다.

 길거리의 자판기 커피는 다방이나 커피 전문점 커피가 부럽지 않았다. 분위기가 있는 벤치나 나무 그늘이 드리운 곳이라면 더할 나위 없는 자판기 커피 명소였다. 이처럼 대중적인 자판기 커피 때문에 다방에는 서서히 어두운 그림자가 드리워졌다. 나름 비싼 인스턴트커피로 반세기 넘게 잘 나가던 다방을 서서히 위기로 몰아가기 시작한 것도 값싼 자판기 커피였다.

 서울 올림픽 이후 1990년까지 커피 자판기가 폭발적으로 증가하면서 도심 다방이 빠른 속도로 사라졌다. 전국에서 다방 밀집도가 가장 높은 서울 중구의 경우 1,150여 곳의 다방 가운데 1991년 폐업한 곳이 140여 곳에 이르렀고, 서울 시내 7,200여 곳의 다방 가운데 약 6퍼센트인 400여 곳이 문을 닫았다. 다방업의 빠른 사양화는 자판기 보급으로 800원에서 1000원씩 하는 커피를 마시러 오는 사람들이 줄어든데다 인건비와 임대료가 크게 올랐기 때문이다. 여기에 젊은 층이 '커피 하우스'나 '커피숍'이라는 이름의 세련된 커피 전문점을 선호하는 등 고객 취향이 고급스러

워졌기 때문이었다.[10]

　그나마 명맥을 유지한 다방에서는 살아남기 위해 치열한 생존 경쟁을 벌여야 했다. 노년층 고객을 겨냥해 실내 분위기를 깨끗하고 안락한 커피숍으로 바꾸는가 하면 여대생 아르바이트를 고용하기도 했다. 전문 음악다방, 심야영업 다방으로 전환을 꾀하는 다방도 있었다. 이마저 여의치 않은 변두리 다방에서는 '특실'이라는 이름으로 칸막이가 있는 별도의 공간을 설치해 손님이 여자 종업원과의 음란한 행위를 눈감아 주는가 하면, 아예 손님과 외출을 허락하는 티켓제를 운영하는 곳도 있었다.[11]

　다방은 커피믹스와 자판기, 커피 전문점에 밀려 설 자리를 잃고 말았다. 한국 전쟁을 거치며 대중의 사랑방 역할을 해 온 다방은 1992년 말 전국적으로 3만 3,524곳을 정점으로 가파른 감소세를 보이기 시작했다.[12]

　예전에는 설치하기만 하면 꽤 돈이 된다던 자판기도

10　'도심 다방이 사라져간다', 〈경향신문〉, 1991년 12월 15일자 13면.
11　〈변두리 다방의 영업 실태〉,《월간다방》 9월호, 1988, 80쪽.
12　'다방의 퇴조', 〈국민일보〉, 1993년 7월 2일자 2면.

1990년대 초반을 지나면서 점차 주변에서 사라져 갔다. 1986년 자판기 속 커피가 만들어지는 시간보다 빠르게 따서 바로 마실 수 있는 동서식품의 '맥스웰 커피' 캔 커피가 시장에 자리 잡고 소비자 취향도 원두커피로 빠르게 바뀌면서 커피 자판기도 기세가 점점 꺾였다. 점심 식사 후 자판기 앞에 모여 커피를 마시던 직장인들도 어느새 아메리카노를 손에 들고 오가는 시대가 됐다. 흔한 풍경이었던 거리의 자판기는 세월 속에 하나둘씩 사라졌고 이제는 터미널이나 기차역, 고속도로 휴게소 한구석으로 밀려나거나 시골 길목 곳곳에서 택시 기사들이 졸음을 쫓는 장소에서 겨우 명맥을 이어 가는 모습이다.

커피와는 아무런 끈이 없는 강릉이 커피 도시가 된 것도 안목 해변가에 놓인 자판기 한 대에서 시작됐다. 칼럼니스트 스콧 버거슨은 한국에서 먹어 본 커피 가운데 체인점 커피보다 자판기 커피가 매력적이었다고 찬양한 글을 쓰기도 했다.[13] 한국을 찾은 외국인들도 가장 맛이 좋다고 감탄한 게 바로 이 자판기 커피였다. 한국에서 길을 가며 어

---

13    스콧 버거슨, 《맥시멈코리아》, 자작나무, 1999, 33~37쪽.

커피 자판기의 등장과 다방의 위기

디서나 볼 수 있는 커피 자판기를 스타벅스에 견주어 "미국에 별다방이 있다면, 한국에는 길다방이 있다"는 말을 낳기도 했다. 이제 길거리의 커피 자판기는 그 커피를 즐기던 사람들과 함께 사라져 가고 있다.

# PART VI.

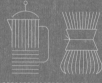

윤락의 도구에서

일상의 의식으로

# 티켓 다방,
# 강원도 탄광촌에서도 성행

커피믹스 붐이 일고, 길거리나 사람들이 모이는 곳이면 어디든 설치된 '벽다방'이라고 하는 커피 자판기 때문에 다방은 암울했다. 도시에서는 커피값도 내려 보고 여대생 아르바이트를 고용해 분위기를 개선하거나, 비싼 오디오를 갖추고 음악 감상실과 휴게실을 겸한 '젊은 다방'으로 변화를 시도했지만, 변두리나 시골에서는 뾰족한 방법이 없었다. 오전에 문을 열면 동네에서 유지 노릇을 하는 이들이나 나이가 지긋한 사람들이 들어와 커피나 쌍화차를 시키곤 마담과 이야기를 나누는 게 일상이었다. 혼자 다방을 찾는 사람들에게는 다방 아가씨가 다가가 자기가 마실 음료까지 시키곤 말동무가 돼 주기도 했다. 적적한 사람들에게 다방은 시간을 때우면서 보낼 수 있는 장소였다. 다방을 약속 장소로 삼고 누군가를 기다리는 젊은 사람들은 심심풀이로 성냥을 포개 놓는 방식으로 탑을 쌓았다가 무너뜨리기를 반복하거나 성냥으로 별 만들기 놀이도 했다. 이렇게 나이든 사람들과 젊은 연인들이 찾던 다방도 커피 자판기가 등장하고, 곳곳에서 커피 전문점이 생겨나면서 썰렁해지는 곳이 많았다.

서울이나 수도권보다는 지방 중소 도시나 농어촌 지역이 더했다. 상대적으로 다방 운영이 어려운 업자들은 자구책을 엉뚱한 데서 찾았다. 바로 티켓 다방이었다.

'티켓 다방'이란 다방 아가씨들이 커피나 차를 배달하면서 불법적인 성매매까지 하는 다방을 일컫는다. '티켓'이란 말은 다방 종업원의 시간을 사는 표를 일컫는 은어다. '티켓을 끊는다'는 말은 시간당 얼마만큼의 돈을 다방 주인에게 지불하면 다방 여종업원을 그 시간만큼 '사용'한다는 의미로, 약속된 가격에 '시간을 같이 보낸다'는 것을 뜻한다. 말이 시간을 같이 보내는 것이지 사실은 신종 변태 영업 행위를 하는 것이었다.

1980년대 중반에 들어서면서 강원도 동해시를 비롯한 강원 남부 탄광 지대와 충청남도 부여와 충북 제천 등 관광지에서는 손님이 요구하면 다방 여종업원을 여관 등지로 보내는 티켓 다방이 크게 성행했다.

강원도 태백과 정선 탄광촌의 다방에서 근무한 이정미(가명·여·61세)는 티켓 다방에 대해 이렇게 말했다.

전화 주문이 와 커피 배달을 나가면 적어도 2~3만 원은 받아요. 동네 유지에서부터 무슨 회장, 심지어는 20~30대까지 전화해서 불러요. 커피는 병에 담아 가면 네 잔은 보통 나오고, 때에 따라서는 얼음물을 가져가기도 해요. 가져간 커피 잔을 놓고 커피를 붓고 설탕과 프림을 넣어 주고 기다리다가 20분쯤 되면 잔을 담아오는 식이죠. 이게 보통 기본이죠. 그런데 커피를 마시다 말고 티켓을 끊자고 하기도 해요. 차만 마시는 경우가 많지만 같이 놀자고 해요. 티켓을 끊으면 1시간에 1만 원인데 고깃집에서 자기들 밥 먹을 때 고기를 자르기도 하고, 술을 따라 주기도 하고, 2차나 3차까지 가서 놀아 주는 식이죠. 노래방까지 가서 춤도 추기도 하고. 모텔에서 커피 보내 달라 하면 모두

연애하자는 거죠. 커피는 기본 세 잔에 1만 원이고 냉커피
는 그보다 2,000원 비쌌어요. 총각들은 많고 탄광에서 돈
은 벌고 자신의 욕구를 풀 데가 없으니 맘에 든다 하면 그
쪽이 먼저 혹시 시간하냐고 물어봐요. '연애' 비용은 한 번
으로 끝내는 것과 밤을 보내는 '긴 밤'의 경우는 달라요.
따로 정해진 가격은 없는데, 서로 합의하는 식이에요. 우
리 같은 아가씨들 중엔 20대면 잘나가요. 거의 연예인 대
접을 받아선지 '부르는 게 값'이에요.

티켓은 시간이자 곧 돈이었다. 위의 사례에서처럼 다방
아가씨가 버는 수입은 한 번의 티켓으로 한 시간에 1만 원
~1만 2,000원 씩을 벌거나, 밤을 같이 보내 15만 원을 벌
기도 했다. 물론 커피값 1만 원은 별도였다. 이렇게 벌어들
인 수익금을 다방 업주와 나누는 방식은 제각각이었다. 찻
값과 티켓·성매매 등으로 벌어들인 돈을 업주와 5 대 5, 또
는 합의한 비율로 나누는 방식이 일반적이었다. 보통 다방
주인들은 커피 주문이 들어오면 여종업원에게 배달을 시
키면서 티켓을 끊어 주고 손님들과 즐기게 하는 대신 여종
업원들에게 한 시간에 5,000원씩 받았다. 이와는 달리 드

물지만 가게에 매일 일정 금액의 돈을 지급하기로 약속하는 대신 그날그날 벌어들인 돈을 아가씨가 가져가는 경우도 있었다. 티켓 다방 업주 입장에서는 다방 아가씨들을 어느 곳이든 출장을 보내는 횟수가 늘어날수록 수익이 커지는 식이었다.

다방의 티켓 영업이 성행하고 전국 곳곳에서 물의를 빚자 이를 다룬 영화가 개봉됐다. 영화배우 김지미가 영화사 지미필름을 세우고 처음 제작한 영화가 〈티켓〉(1986)이다. 메가폰을 잡은 임권택 감독이 티켓을 끊어 공공연히 몸을 파는 다방 여인들의 세계를 과감히 화면에 담은 영화였다. 항구 도시의 한 다방을 중심으로 다방 마담 김지미 등 5명의 여종업원이 살아가는 애환을 그린 영화로, 티켓제 매춘행위에 뛰어들어야 하는 여성의 현실을 고발하고 인간성 회복을 주장하는 내용이다. 여성으로 떳떳이 살고자 하는 애환을 표출했음에도, 개봉 즈음에 다방 여종업원들의 명예를 훼손했다는 논란에 휩싸였다. 서울시다방동업조합에서는 이 영화의 개봉에 앞서 미리 보여 줄 것을 요청했으나 거절당했다며, 문제가 있을 경우 상연 중단 요구 등 강경책을 펼 것이라고 했다. 영화 내용이 마치 다방 업주를

1980년대 사회 문제가 되고 있던 티켓 다방 이야기를 담은 임권택 감독의 문제작,
영화 〈티켓〉. 1986년에 개봉됐다.

커피, 이토록 역사적인 음료

포주로, 다방 여종업원을 매춘부로 묘사했다는 주장이었다.[1] 하지만 영화가 개봉되면서 여성 문제를 드러낸 사회성 짙은 영화라는 사실이 알려지면서 명예 훼손 논란은 쉽게 일단락됐다.

영화에서처럼 티켓 다방은 도시만의 문제가 아니었다. 강원도 동해와 속초 등의 해안가는 물론 태백과 삼척, 영월, 정선 등 탄광 지대에도 극성이었다. 동해시 발한동 로터리 일대의 S다실과 J다방 등 대부분의 시내 중심가 다방들은 4~5명의 여종업원을 두고, 주로 손님이 뜸한 오후 시간을 택해 D여관, H장 등 인근 숙박업소의 투숙객들을 상대로 퇴폐 영업을 해 많은 부수입을 올렸다. 더욱이 이들 종업원들은 Y관, D클럽, K홀 등 유흥업소와도 비밀 계약을 맺고, 밤 10시 이후의 티켓 손님들을 이들 업소에 데리고 가, 호스티스 역할을 해 주고 티켓료 외에 별도의 팁을 받아 챙기기도 했다.[2]

1    '"다방여종업원 명예훼손" 방화 '티켓' 개봉즈음해 논란', 〈동아일보〉, 1986년 8월 23일자 8면.
2    '다방서 '윤락티켓' 판매', 〈동아일보〉, 1985년 1월 19일자 7면.

티켓 다방은 인구 밀집도에 비해 유흥 시설이 그다지 발달되지 않은 탄광촌에서 최고의 유흥 수단이었다. 탄광촌인 강원 태백, 정선 고한과 사북, 함백, 영월 등지에는 티켓 다방이 군락을 이루고 있었다. 이곳을 거점으로 인근의 동洞이나 리里 단위는 기본이고 시군 경계를 넘어선 곳까지 배달이 이뤄졌다.

강원도 정선 함백탄광에 근무하는 강 모씨(42세·1989년)는 30대 초반이던 1970년대 말에 광산 사무직으로 취업했다. 제대를 하고 식품 회사와 영업직을 전전하며 돈을 벌기도 했지만, 어려서부터 도시에서 자라온 터라 시골살이는 꿈도 꾸지 않았다. 그러던 차에 대한석탄공사 산하 함백광업소에서 직원을 모집한다는 소식을 알게 됐고, 그곳 월급이 대기업보다 훨씬 낫다는 소식을 듣고 지원해 근무하기 시작했다. 하지만 도시 생활에 익숙한 그가 아무리 사람들이 많아도 산과 산이 맞닿을 만큼 골짜기인 탄광촌에서 적응하기 쉽지 않았다. 다른 건 몰라도 서울의 화려한 유흥가에 대한 추억은 잊을 수 없었다. 그러던 그가 독신자 사택에 머무는 동료들을 통해 영월 읍내의 티켓 다방을 알게 됐다. 예전부터 영월에 티켓 다방이 있고, 독신자 사택

1980년대 정선 고한읍 전경. 탄광촌에 연이어 자리 잡은 다방들이 보인다.
이 사진은 티켓 다방 내용과는 관련이 없다.

의 광부 몇몇이 갑반[3]에서 돌아오면 영월로 드나든다는 이야기는 들었지만, 그저 소문으로만 여겼을 뿐이었다. 그런 그가 뒤늦게 알게 된 티켓 다방은 색다른 즐거움이 됐다. 자신이 사는 곳에서 적당히 떨어진 모텔에서 다방에 전화를 걸어 출장 온 다방 종업원과 외로움을 달랠 수 있다는 사실을 마치 단비처럼 여겼다.

강원 남부 지역의 광부들이 태백이나 동해, 영월이나 제천 등 인근 지역으로 가서 티켓 다방을 이용한다는 소문이 암암리에 알려지면서 탄광촌 다방에서도 티켓을 끊는 다방이 하나둘씩 생겨나기 시작했다. 탄광촌 다방들은 20대 아가씨들을 3~5명까지 고용해 영업을 했다. 좁은 지역에서 혹여나 티켓 다방을 이용한다고 소문이 날까 두려운 사람들은 먼저 모텔이 있는 곳으로 가서 전화 한 통을 하면 다방 아가씨들은 보통 10분 이내에 도착했다. 대부분의 다방은 밤 9시가 넘어서면 문을 닫지만, 티켓 다방은 문을 닫

---

3     광업소는 일반적으로 하루 근무를 갑반, 을반, 병반 삼교대로 나누었다. 갑반은 오전 8시부터 오후 4시까지, 을반은 오후 4시부터 밤 12시까지, 병반은 밤 12시부터 다음 날 아침 8시까지 일을 했다.

고서도 '24시간 서비스'를 제공했다. 다방의 매출을 올리는 성매매는 밤낮이 따로 없었다.

1980년대 탄광촌은 결코 '성매매 안전지대'가 아니었다. 인생 막장이라는 갱 속에서 일하는 광부들은 물론, 간부들조차도 회식을 할 때면 다방 아가씨들을 불러 술 시중을 들게 하는 일이 다반사였다. 2차로 자리를 옮기면 더욱 가관이었다. 술주정은 기본이고, 음담패설을 서슴지 않았고, 밤에 택시를 불러 어디론가 이동해 즐기기도 했다. 특히 광업소 월급날인 '간조'날이 되면 인근 지역의 다방은 24시간 풀 영업 체제에 들어갔다.

티켓 다방이 탄광촌에서는 물론 전국에서 사회적 이슈가 되면서 대대적인 단속이 이뤄졌지만 그때뿐이었다. 단속이 느슨해지면 다시 많은 티켓 다방이 활개를 쳤다. 탄광촌에서도 티켓 다방이 기승을 부리고, 위아래 할 것 없이 커피 한잔을 마실 때도 다방 아가씨들을 불러대는 일을 대수롭지 않게 여기는 분위기가 팽배했다. 전국적인 티켓 다방 단속이 이뤄질 무렵 탄광촌에서도 곪아 터질 일이 터지고야 말았다. 아내 몰래 티켓 다방을 이용하는 횟수가 잦아지고 다방 아가씨와 바람난 광부가 결국 꼬리를 잡

티켓 다방, 강원도 탄광촌에서도 성행

히고 말았다. 영월과 제천을 오가던 아줌마들의 귀띔으로 이 사실을 알게 된 아내는 "창피해서 못 살겠다"며 세간살이를 밖으로 내던지는 등 한바탕 난리법석을 떨었지만, 그 광부는 자신의 성매매가 비록 잘못된 것을 인정하면서도 미적미적 쉽게 단념하지 못했다. 남편의 외도를 겪고 난 아내는 분노와 배신감의 나날을 보내다가 '누군 남자 만날 용기가 없어서 이러고 사는 줄 알아?'라는 생각에 결국 맞바람을 피우기 시작했다. 믿었던 남편을 따라 탄광촌에 들어와 희생한 것에 대한 충격과 분노가 가장 험한 복수인 맞바람으로 이어진 것이다. 소설 같은 이야기지만, 1990년 가을 강원도 정선군 신동읍 조동리 탄광촌에서 일어난 사실이다.

무료한 탄광촌 생활에서 다방 종업원과 흥정을 통해 값을 치르고 욕구를 푸는 수단이 된 티켓 다방은 자신에게는 유일한 해방구였을지는 몰라도 탄광촌 미풍양속美風良俗을 갉아먹는 해악과도 같았다. 탄광촌에서 티켓 다방과 춤바람 등에 대한 폐해가 심각해지자 지역의 단체들이 나서서 '티켓 다방을 뿌리 뽑자'며 '건전 생활 캠페인' 등의 자정 운동을 펼치기도 했다. 캠페인이라고 해야 공무원들과 광산의 간부들, 지역의 각종 단체 회원들이 피켓을 들고 시내를 한 번 행진하는 것이 끝이었다. 물론 피켓을 들거나 앞서가는 이들 가운데에는 동네 다방에서 다른 손님들이 있는데도 불구하고 레지의 몸을 더듬으며 낯뜨거운 풍경을 연출하던 소위 '유지'들도 있었고, 일삼아 티켓을 끊는 주요 고객도 여럿이 있었다. 공무원들은 경찰과 합동으로 다방에 대한 점검을 하고 다방 여종업원들이 숙박업소에서 윤락 행위를 하다가 적발되면 모두 사법 처리를 하기로 했으나 오래가지는 못했다.

1990년대 초반 탄광이 하나둘씩 폐광할 때까지 강원도 태백 등 탄광 지대는 물론 동해, 속초의 항구 일대까지 다방의 변태 영업 행위는 끊이지 않았다. 오히려 1990년대 중반에는 가출 소녀를 티켓 다방에 팔아넘기는 범죄가 발생하고, 티켓 다방 여종업원들이 도망을 가거나 빚에 묶여 다방 일을 그만둘 수 없는 사연이 알려지는 등 전국의 중소 도시와 읍면까지 독버섯처럼 퍼진 티켓 다방이 사회 문제로 크게 부각됐다. 〈MBC〉 'PD 수첩'은 신종 변태 영업으로 등장한 티켓 다방의 문제를 파헤친 '긴급 점검-티켓 다방, 물장사인가 사람장사인가'라는 프로그램을 방영하기도 했

티켓 다방, 강원도 탄광촌에서도 성행

다. 커피 판매에는 안중에도 없고 여종업원의 윤락 행위를 부채질하는 티켓 다방에 대한 우려의 목소리가 높았다.

# 난다랑,
## 프랜차이즈 커피
## 전문점 시대를 열다

티켓 다방이 활개를 치기 이전부터 다방은 내리막길을 걷고 있었다. 커피 자판기가 등장하고 다방에 어두운 그림자가 드리울 무렵, 도심과 대학가를 중심으로 세련된 분위기의 커피 전문점이 등장하기 시작했다. 그 시작은 '난다랑'이었다. 다방이 대세를 이루던 커피 문화가 커피 전문점으로 넘어가는 시작이었다.

1975년에 서울 동숭동에 있던 서울대학교 문리대학이 관악산 아래로 이사를 가면서 마로니에 몇 그루만 덩그러니 그늘을 드리우던 연건동에 1979년 난다랑 1호점이 문을 열었다.

우리나라 최초의 원두커피 체인점인 난다랑은 세련되고 아늑한 분위기였다. 제대로 된 원두커피를 구하기가 쉽지 않던 시절 모카커피와 비엔나커피, 아이스커피까지 고루 갖춘 난다랑은 고급 원두커피를 마실 수 있는 곳으로 알려졌다. 다방이 소위 '노땅'들의 공간으로 전락할 무렵이라 난다랑의 인기는 남녀노소에게 대단했다.

난다랑은 일본을 오가며 커피를 배운 30대 초반의 로스터 홍숙영과 그의 남편 정영진이 연 커피숍이다. 난다랑은 당시로서는 아주 드물게 핸드 드립 커피점이었다. 원두 수입이 어려울 당시 일본에서 생두를 들여와 직접 로스팅을 해서 매장에 공급했다. 제대로 된 로스팅 기계조차 없어 뻥튀기 기계를 돌려서 커피를 볶았다. 그때까지만 해도 커피는 다방에서나 마시는 음료일 정도로 커피숍이라는 개념조차 제대로 없던 시절이었다. 대부분의 다방이 어둡고 뭔가 감춰진 공간이었는데 반해 난다랑은 통유리로 밖에서 훤히 보이는 인테리어를 했다. 커피숍의 위치는 지하를 피하고 햇볕이 잘 드는 곳으로 정하고 전면을 유리벽으로 하는 것은 난다랑이 정한 체인점 인테리어 규칙이었다. 독특한 커피 맛을 살리는 데 역점을 두어 커피 재료나 커피

추출 기구, 조리법 등을 난다랑 본점에서 정한 것으로 사용해야 했다.[1]

처음에는 다방에 대한 선입견 때문인지 문을 열고 나서도 한 달 동안은 "뭐 하는 곳이냐"는 질문만 계속 이어질 정도로 손님이 거의 없었다. 하지만 한 달이 지나면서부터 손님이 늘어나더니 두 달쯤 지나서는 자리가 없을 만큼 북적였다. 다방과는 다른 고소하면서 독특한 커피 맛이 입소문으로 알려지면서 커피 맛을 좀 아는 사람들이 모여들기 시작했다.

'난다랑'은 서체부터 독특했다. 난초를 뜻하는 난다랑의 '난'처럼 아름다운 한글 서체의 캘리그래피 디자인이 정감 있게 다가왔다. 이러한 서체 디자인을 바탕으로 한 난다랑은 유동 인구가 많은 곳에 매장을 오픈하면서 단기간에 커피를 파는 곳이라는 이미지를 알려 인지도를 높였다.

또한 내부와 외부의 인테리어가 전체적으로 깔끔하면서 세련되어 눈길을 끌었다. 다방이 어두운 색의 낮은 소파 의자처럼 칙칙하고 낙후된 분위기였다면, 난다랑은 화

---

1    '카페도 '체인점' 시대', 〈동아일보〉, 1987년 8월 31일자 7면.

난다랑, 프랜차이즈 커피 전문점 시대를 열다

이트 톤에 가까운 인테리어에 확 트인 개방감을 살려 환한 느낌을 주었다. 특히 난다랑은 개방감이 큰 갈색 유리의 외벽 구조여서 밖에서 안이 잘 들여다보이지 않았다. 안에서는 밖을 내다볼 수 있지만 밖에서는 한낮에 안이 보이지 않았다. 날이 저물면 내부 조명으로 통유리를 통해 은은하게 드러나는 커피숍 분위기가 아늑했고, 따뜻한 음악이 흘러나왔다.

난다랑의 분위기는 어디나 비슷했다. 대학 4학년이던 1980년대 중반 나는 시 '라지브 마을의 새벽'으로 '제1회 MBC 청소년 문학상'을 받았다. 〈MBC〉가 세계 청소년의 해를 맞아 제정해 공모한 행사였다. 여름 더위가 한풀 꺾여 갈 무렵 중구 정동에 있는 방송국에서 시상식과 방송 녹화를 마치고 몇몇 수상자들과 방송국 앞에 있는 난다랑을 가게 됐다. 이미 난다랑은 바로 옆 레스토랑 이탈리아노와 함께 꽤나 유명한 곳이었다. 그때 난다랑에서 가장 인기 있는 커피가 비엔나커피였다. 기억이 가물가물하지만 비엔나커피 한 잔이 1,500원 정도였던 것 같다. 난다랑이라는 로고가 인쇄된 잔에 부드러운 크림이 올라간 비엔나커피는 비주얼만큼이나 훌륭했다. 바탕이 되는 기본 커피가 향긋하고 풍미가 진한데다 크림도 달지 않았다. 게다가 내가 좋아하는 시나몬 향이 장미 꽃잎 모양의 크림에 잘 어우러진 느낌이었다. 그때까지만 해도 여러 곳의 커피숍에서 비엔나커피를 마셔 보았지만, 문학상을 받고 덤으로 상금까지 제법 큰돈을 받은 날이어선지 단연 최고였다. 통유리 창문 밖을 물끄러미 바라보면서 이러한 행복과 여유가 영원했으면 하고 미소 지었다.

그때부터 열심히 글을 써서 문학지의 신인상과 추천 심사에 응모했고, 다섯 달 뒤에 나는 《심상心象》 신인상과 《시문학詩文學》 추천으로 문단에 데뷔했다. 《심상》은 1973년 10월 박목월, 박남수, 김종길, 이형기, 김광림 시인이 창간했고, 《시문학》은 1971년 문덕수 시인 등이 주도해 창간한 월간 시 전문지였다. 《심상》과 《시문학》은 현대시와 시론 등의 내용이 좋았고, 그 적당한 두께가 마음에 들어 대학에 입학하면서부터 꾸준히 헌책방에서 과월호를 구해 읽던 책이었다. 그 두 곳에 가을에 각각 응모한 시를 1985년 12월 황금찬, 박재삼 시인이 뽑아 주었고, 김춘수 시인이 추천을 한 것이다.

투고 당시의 주소에서 자취집을 옮기는 바람에 수상 사

난다랑, 프랜차이즈 커피 전문점 시대를 열다

실을 뒤늦게 알게 됐고, 다른 당선자보다 한 달 늦게 실리게 된 수상 소감을 들고 심상사가 있는 원효로를 찾아갔다. 그런데 심상사로 들어가는 길목에 또 난다랑이 있는 게 아닌가. 이미 정동에서 난다랑의 비엔나커피에 반해 버린 나는 본래 목적지는 뒤로하고 먼저 난다랑의 비엔나커피로 추위를 달랬다. 청소년 문학상을 받을 당시 더 더워지기 전에 한 번 더 마시겠다던 비엔나커피를 두 손 호호 불며 원효로 난다랑에서 마시게 됐다. 그러고는 심상사를 오갈 때마다 참새가 방앗간을 그냥 지나갈 수 없듯이 난다랑을 들러 커피를 즐겼다. 그곳에서는 시인들의 시 낭송회도 열렸고, 커피를 즐기는 문인들과 시를 좋아하는 독자들의 만남도 자주 이뤄졌다. 원효로 난다랑은 이미 시인들의 아지트였고, 스물세 살의 어린 나이에 문단에 고개를 내민 나는 그곳에서 황금찬, 김광림, 이형기, 한광구, 이상호, 박상천 시인을 비롯한 많은 문인들을 만날 수 있었다. 이들이 살아온 궤적에 눈을 돌리고 귀담아 듣고 배운 하루하루는 비엔나커피처럼 훌륭하고 따뜻했다.

문단에 데뷔한 이듬해 조병화 시인이 축하한다며 나를 데리고 간 곳도 동숭동 난다랑이었다. 그가 문과대학장일

내 원고를 첨삭해 주며 질책과 격려를 주었던 조병화 시인.
ⓒ연합뉴스

때부터 시 몇 편이 담긴 원고지를 들고 집무실을 드나들었다. 문과대학장, 대학원장, 부총장이라면 대학생이 원고를 들고 자주 찾아오는 것을 귀찮게 여길 만도 한데 한 번도 그런 내색을 보이지 않았다. 오히려 "거기 앉아봐라" 하며 두툼한 만년필로 내 원고를 첨삭하며 때론 질책으로, 때론 격려로 시의 길을 일러줬다. 새 시집이 나오면 속간지에 '대성하길'이라는 글과 함께 특유의 필체로 서명을 하곤, "다음에 올 땐 읽은 소감을 풀어 봐라"라고 했다. 국문과 박일 선배와 시 동인을 조직할 때 '먼 출발'이라는 제호를 직접 써 주며 등을 토닥였다. 그런 내가 등단하자 축하한다며 종로에서 만나 손을 끌고 간 곳 역시 동숭동 난다랑이었다. 1979년 문을 연 난다랑 1호점이었다. 그 후로도 나는 고향으로 내려오기 전까지 친구들이나 문인들을 만나기 위해 난다랑을 자주 오갔다. 조병화 시인이 세상을 떠난 이후에도 밀다원, 스타벅스로 바뀐 난다랑 자리를 지날 때면 '먼 출발'을 토닥토닥 두드려 준 시인의 미소와 여유가 생각난다.

사실상 난다랑은 우리나라 프랜차이즈 운영 기법을 처음 도입한 커피숍이었다. 처음에는 하고 싶다는 사람이 있

커피, 이토록 역사적인 음료

숙명처럼

조병화

실로 숙명처럼 이어지는
끝이 없는 내 출발입니다.
우리들의 인생은.

여러분은 지금 그 길을 가고
있는 겁니다.
"길을 가다가 해가 저물면
등불을 켜가지고"

(먼 훗날, 그리하여)
여러분의 기쁨이 그곳에 있길

1985. 12. 24.

조병화 시인이 나의 등단 기념으로 써준 글.

으면 이름만 빌려주고 커피 빈을 공급하면서 그 수가 늘어났다. 프랜차이즈 비용이 없었다는 얘기다.[2] 그러나 몇 년 지나지 않아 점포 수가 늘어나면서 말도 많고 탈도 많아졌다. 1986년 수입한 커피 원두를 허가 없이 가공해 가맹점에 비싼 값으로 공급해 특별소비세 등을 포탈했는가 하면, 동서식품과 미주산업에서 5년간 커피 원두를 싸게 구입해 이를 난다랑 커피로 포장해 폭리를 취한 혐의로 난다랑 체인 본부 대표가 구속됐다. 우리나라 프랜차이즈 커피 전문점의 효시라고 할 수 있는 '난다랑'을 창업한 정영진 회장도 수배되는 일이 벌어졌다.[3]

1980년대 중반 무렵 대학가와 도심에는 저마다 독특한 분위기를 내세운 커피숍이 들어서기 시작했다. 커피숍의 개성이 드러나는 조명과 가구 등으로 실내 장식을 한 커피숍은 젊은이들의 휴식과 대화 공간으로 인기였다. 영어로 적어 놓은 메뉴도 카페오레, 비엔나커피, 모카커피 등으로 다양했고, 커피 잔도 하얀색이나 아이보리색 등 단색에 커

---

2    '난다랑 시절, 뻥튀기 기계로 생두 볶았었죠', 〈중앙일보〉, 2021년 5월 14일자.
3    ''난다랑' 체인대표 구속', 〈동아일보〉, 1986년 8월 1일자 11면.

커피, 이토록 역사적인 음료

피숍 로고를 새겨 넣어 한층 고급스러운 느낌을 줬다. 원두커피라고 해야 동서식품이나 미주산업에서 구입한 원두를 내리는 방식이었으나 점심시간 무렵에는 자리가 없을 정도였다. 대학가 주변의 식당에서 밥 한 끼에 1,000원이고, 라면 한 그릇에 300원 할 때, 커피 한 잔 값이 500원이었다. 오죽하면 라면 한 그릇 먹고 커피 한잔하자면서 웃어넘겼다.

난다랑이 인기를 끌던 1980년대 중반을 지나면서 프랜차이즈 커피숍이 생겨나기 시작했다. 커피숍의 체인점 시대가 열린 배경에는 난다랑의 인기뿐만 아니라, 사실 1988년 서울 올림픽을 앞두고 1987년부터 커피 수입 자율화가 시작됐기 때문이다. 쟈뎅이나 도토루 같이 원두 품질이 좋고 향미가 살아 있는 해외 브랜드 커피가 들어오기 시작하면서 커피를 즐기는 소비 형태가 '맛있는 커피', '향이 좋은 커피'에 대한 수요로 이어졌기 때문이기도 했다. 소비에 대한 기대 심리가 높아지면서 커피숍을 해 보려는 초보 사업자들은 적당한 자본을 들여 경영 전반의 노하우를 배우며 안정적으로 사업을 꾸려 갈 수 있는 프랜차이즈 운영 방식을 선호했다.

난다랑, 프랜차이즈 커피 전문점 시대를 열다

서울을 비롯한 수원, 안양 등지에는 독일풍의 분위기를 내는 '하이델베르크' 체인점 13곳이 생겨났고, 스페인의 정열적인 분위기를 살린 '스페인하우스'도 여의도와 서초동, 제주도에 6곳이 들어섰다. 하이델베르크는 거친 질감의 흰벽에 나무 기둥을 드러낸 독일 농가의 모습이었으며, 스페인하우스는 카페 입구에 투우사 복장을 한 사람 크기의 인형을 세우고 붉은 벽돌로 실내를 꾸미는 등 스페인의 정열적인 분위기를 살렸다. 영국의 희극 배우 찰리 채플린을 디자인한 '채플린'도 서울에 21개 체인점을 두고 편안하게 커피를 즐길 수 있는 곳이라고 알렸다. 채플린은 찰리 채플린의 이미지를 흰색 바탕으로 한 실내에 드러나게 하고 벽난로를 두는 등 아늑한 가정의 거실처럼 꾸몄다.[4]

1988년에는 일본에서 커피를 공부한 박이추가 혜화동에 150종의 원두커피를 갖춘 '가배 보헤미안'을 열었다. '보헤미안'은 일본에서 커피를 가르쳐 준 스승이 권해 준 이름이다. 일본에서 태어난 그가 농장 운영을 해 보겠다고 한국과 일본을 오가고, 커피를 위해 또다시 두 나라를 오

---

[4]    '카페도 '체인점' 시대', 〈동아일보〉, 1987년 8월 31일자 7면.

가는 모습을 보면서, 서울에서 가게를 열면 '보헤미안'이란 이름을 붙일 것을 권했다고 한다. 믹스 커피가 여전히 대세이고, 원두커피라고 해야 품종을 알 수 없는 커피가 주를 이루던 때에 원두 저마다의 특징이 살아 있는 품질 좋은 커피를 선택할 수 있는 보헤미안은 핸드 드립으로 내린 진정한 커피 맛을 알리는 데 기여했다.

서울 올림픽이 끝나고 그 뜨거운 열기가 이어진 1988년 말에는 '쟈뎅'이 압구정 1호점을 열고 전국으로 그 수를 늘여 갔다. 이전까지의 프랜차이즈 커피점 본부들이 경영 노하우를 축적하거나 제대로 공유하지 못하면서 빈번하게 가맹점과 마찰을 빚었지만 쟈뎅은 달랐다. 쟈뎅은 가맹점을 모집하고 질 좋은 커피 공급, 경영 노하우 전수 등을 통해 가맹점의 호응을 극대화하면서 단숨에 난다랑을 넘어서는 커피 전문점의 대명사가 됐다. 결국 우리나라 최초의 프랜차이즈 커피 전문점이라는 브랜드 가치를 이어 가지 못한 난다랑은 1991년 동아그룹에서 분가한 동아실업에 넘어가고, 1992년 '난다랑 멤버스'와 '빈'으로 다시 태어났으나 이전의 영광을 되찾지는 못했다.

그윽한 '향기'와 맛있는 '분위기'의 커피숍이 인기를 끌

난다랑, 프랜차이즈 커피 전문점 시대를 열다

면서 1990년대는 커피숍의 본격적인 전성시대가 열렸다. 커피 맛보다 커피를 마시는 분위기가 더 좋은 카페가 문을 열고, 생두의 품질이 우수하며 산지 특성이 명확한 스페셜티 커피Specialty Coffee로 그윽한 향과 맛을 내세운 커피숍이 생겼는가 하면, 이탈리아산 원두, 아라비카 원두를 전문으로 하는 커피숍, 딸기와 블루베리로 토핑한 후르츠 케이크와 에스프레소를 곁들여 먹는 커피숍 등이 여기저기에서 늘어나기 시작했다. 1990년대 커피 전문점 붐이 크게 일면서 사람들은 커피의 맛과 향을 다방보다는 커피숍에서 찾았다. 원두를 볶아 내리는 진정한 커피 맛을 알게 되면서 본격적인 커피 전성시대가 열린 것이다.

# 스타벅스 돌풍과 '앵커 테넌트 효과'

1880년대 커피가 처음 들어온 지 140년이 지난 오늘날 우리나라에서 커피는 일상적인 음료가 됐다. 요즘은 한 집 건너 카페가 하나씩 있을 정도로 커피 인기가 뜨겁다. 하루에 커피 한 잔이 당연할 정도이고, 커피값이 밥값보다 많이 드는 날도 많아졌다.

커피가 다방 중심에서 대학가나 도시를 중심으로 형성된 세련된 분위기의 커피숍과 난다랑이나 자뎅과 같은 프랜차이즈 커피숍으로 넘어가기 시작한 1990년대 초반부터 커피 소비 문화가 이전과는 달라지면서 너나없이 카페를 방문하는 일이 자연스러운 일상이 되었다. 이전까지만 해도 우리나라 커피 시장은 커피믹스를 비롯한 인스턴트 커피가 주도했으나, 1988년 서울 올림픽 이후 커피 수입 자율화와 함께 새로운 형태의 커피 전문점이 유행처럼 늘어나면서 크게 발전하기 시작했다.

다방에서 커피숍으로 이어져 온 커피 문화에 신선한 충격과 파장을 안겨 준 건 미국의 대형 커피 유통업체인 스타벅스Starbucks의 진출이었다.

스타벅스는 미국 북서부의 대도시 시애틀Seattle에서 시작된 세계 최대 커피 체인점이다. 1993년 개봉한 영화 〈씨애틀의 잠 못 이루는 밤Sleepless In Seattle〉은 두 주인공의 만남과 사랑을 더욱 더 아름답게 그려 준 대도시 시애틀이 배경이다. 이 영화는 영화 속 연인들뿐만 아니라 세계인들을 잠들지 못하게 했다. 영화에 나온 거기서 세계적으로 유명한 커피 전문점 스타벅스가 시작됐기 때문이다. 이 때문에 커피를 사랑하는 사람은 물론 낭만적인 여행지를 찾는 사람이라면 반드시 가 봐야 하는 도시가 됐고, 스타벅스는 세계인에게 더욱 익숙해지기도 했다.

스타벅스가 1999년 7월 신세계백화점과 브랜드 도입 계약을 맺고 2,000억 원대에 달하는 한국 원두커피 시장 공략에 나선다는 소식이 알려졌을 때만 해도 사람들 대부분은 의아한 반응을 보였다. 1997년 외환 위기라는 어두운 터널을 겨우 빠져나와서인지 어느 누구도 흥행에 대해 큰 기대를 하지 않았다. 이런 우려 속에서 신세계는 별도 법인인 에스코코리아를 설립하고 서울 강남에 1호점을 시작으로 1999년까지 10개 이상의 점포를 열 계획이라고 밝혔다.[1] 그러나 당초 발표와는 달리 강남 대신 1999년 7월 27일 이화여대 앞에 1호점을 오픈하면서 큰 관심을 끌었다. 스타벅스가 이화여대 앞을 한국 진출 1호점으로 선정한 이유는 강남보다는 청춘의 아지트인 이화여대 주변이 유행에 민감했기 때문이었다.

스타벅스의 국내 진출은 거의 모든 신문과 방송에서 크게 다룰 만큼 하나의 사건이었다. 일각에서는 봉지 형태의 싸고 달달한 '믹스 커피'와 간편하게 따 먹을 수 있는 '캔 커피'가 꽉 잡고 있을 무렵이라 생소한 '에스프레소' 베이스의 값비싼 '테이크아웃 커피'가 성공할 수 있을지에 대한 회의적인 시선도 있었다. 그러나 100석 정도의 스타벅

---

1    '신세계, 미 '스타벅스' 커피전문점 연다', 〈매일경제〉, 1997년 10월 3일자 14면.

스타벅스 돌풍과 '앵커 테넌트 효과'

스가 문을 열자마자 긴 줄이 이어졌고, 하루 평균 고객 수는 700여 명에 이르렀다.

당시만 해도 국내 커피 시장은 전통의 강호라 할 수 있는 '쟈뎅'이나 '브레머' 등이 몰락했으나, 여전히 시장 규모가 2,000억 원 이상이었고 브랜드도 30개가 넘을 만큼 커피 전문점 경쟁이 치열했다. 스타벅스는 '천천히 오래 볶은' 고급 원두커피를 더 싼 값에 선사한다는 마케팅 전략을 내세우며 본격적인 공세에 들어갔다.[2] 기존 커피 전문점이라고 해야 스타벅스보다 1년 앞서 문을 연 할리스커피 정도였고 여전히 사람들 대부분은 종이컵에 믹스 커피를 타 마시는 시기였기에 커피 자체의 품질로 승부를 건 스타벅스의 전략은 성공적이었다.

스타벅스가 이화여대 앞에 1호점을 열었을 때도 미국에서 공부할 당시 스타벅스를 경험한 유학생들과 이미 스타벅스를 알고 있는 직장인들이 반가운 마음에 몰려들었다. 이들은 커피를 마시면서 자신이 시애틀 스타벅스에서 커피

---

2    '끓어오르는 커피전문점 경쟁', 〈조선일보〉, 1999년 7월 30일자 37면.

를 마신 경험을 직원들과 이야기하며 반가워했다.[3] 지금의 SNS 인증샷처럼 스타벅스 일회용 컵의 사이렌 로고가 정면으로 보이도록 들고 다니는 것이 한때 유행처럼 번졌다.

스타벅스는 '커피숍 문화'를 만들었다. 어느 나라이건 스타벅스는 커피 프랜차이즈 가운데 충성 고객을 가장 많이 확보한 기업이다. 어느 매장에서든 똑같은 맛을 즐길 수 있고, 미국 시애틀에서 유래한 자유로운 감성과 이를 상징하는 로고, 업계를 선도하는 굿즈 출시 등으로 일명 '스타벅스 감성'을 내세워 인기를 끌었다.

일단 스타벅스의 커피 맛은 다른 브랜드, 다른 커피숍과는 분명한 차이가 있었다. 에스프레소를 비롯해 카페모카, 캐러멜마키아토 등 생소한 이름의 커피를 선보였다. 하지만 커피 맛이 좋다 나쁘다는 개인의 취향이기에 그것이 스타벅스가 처음부터 인기를 끈 이유는 아니었다. 무엇보다도 스타벅스는 커피나 음료를 마시는 사람들의 자유롭고 편안한 분위기를 강조했다. 열 명이 넘는 사람들이 대화를 나눌 수 있는 큰 테이블을 놓아 편안한 분위기를 만들었는

---

**3**    www.etoday.co.kr/news/view/1734702

스타벅스 돌풍과 '앵커 테넌트 효과'

가 하면 커피를 다 마시기가 무섭게 잔을 거둬 가는 다방이나 커피숍과는 달리 두세 시간을 앉아 있어도 눈총을 받지 않았다. 한마디로 손님에게 최대한 무관심한 배려가 인상적이었다. 스타벅스 창업자인 하워드 슐츠도 회사를 떠날 때 글로벌 스타벅스의 사명은 따뜻하고 안락한 '제3의 공간'을 제공하는 것이라고 강조한 바 있다. 제3의 공간은 미국의 사회학자 레이 올든버그Ray Oldenburg가 그의 저서 《제3의 장소The Great Good Place》에서 정의한 개념으로 '집도 직장도 아닌 중간 지대, 누군가와 교류하려는 욕구를 채워주고 비공식적 공공 생활이 이뤄지는 공간'이란 의미다. 우리 사회에서 즐거움을 일구려는 본성이 꿈틀대는 제3의 공간이 바로 스타벅스라는 얘기다. 테이크아웃을 주로 이용하는 미국과 달리 한국 스타벅스 고객들은 카페에 앉아 오래 얘기하는 것을 선호한다. 집과 일터 사이에서 다른 사람과 접촉하고 정보를 생산하는 '중간 공간'이 바로 현대판 제3의 공간이다. 그래서 스타벅스커피 코리아는 눈치 보지 않고 머물 수 있는 곳, 즐겁고 친밀한 분위기를 느낄 수 있는 인테리어에 힘썼다.

자판기 믹스 커피나 다방에 익숙했던 사람들에게 '낯설

고 불편할' 수도 있던 커피 맛, 선결제 시스템, 상대적으로 높았던 커피 가격도 편안하면서도 세련된 공간 분위기에서는 전혀 문제가 되지 않았다. 1980년대 중반 이후 도심이나 대학가를 중심으로 하나둘씩 늘어나기 시작한 커피숍이 화려한 실내 장식에 치중한 데 반해 스타벅스는 테이블과 의자 수, 테이블 간격과 소음의 정도, 조명의 조도, 매장 음악의 볼륨마저 신경을 쓰며 제3의 공간을 창출했다. 이러한 편안한 공간 분위기에 각각의 커피에 대한 신뢰를 높이면서 동시에 테이크아웃의 활성화, 셀프서비스라는 스타벅스만의 장점을 살리며 커피 문화를 주도해 갔다.[4]

스타벅스는 어느새 하나의 문화 현상으로 우리 생활 깊숙이 자리 잡았다. 스타벅스 일회용 컵의 사이렌 로고가 정면으로 보이게 들고 다니기 시작한 유행이 이제는 '테이크아웃 커피'라는 일상을 만들어 냈다. 개점 초에는 선결제와 셀프서비스에 낯설어 하는 손님도 많았지만 지금은 거의 모든 커피숍에서 익숙한 방식이 됐다. '바리스타'라는 낯선 직업을 본격적으로 알리기 시작한 것도 스타벅스였

---

4    '커피 '에스프레소' 인기몰이', 〈국민일보〉, 2000년 6월 20일자 31면.

스타벅스 돌풍과 '앵커 테넌트 효과'

다. 스타벅스에서 선보인 에스프레소 베이스의 커피 수요가 늘어나면서 다양한 커피 전문점 브랜드가 쏟아져 나왔다. 스타벅스가 우리나라 커피 부흥의 시대를 연 것은 틀림없다.

요즘의 SNS 인증샷처럼 스타벅스 로고 컵을 들고 다니는 것이 명품 브랜드 로고와 같은 기능을 하며 유행처럼 번졌듯이 여전히 스타벅스는 하나의 문화가 되어 또 다른 유행의 진원이 되고 있다. 젊은 층에서는 일명 '별다방'이나 '스벅'이라는 줄임말로 불리며 큰 사랑을 받고 있다. 그만큼 풍부한 콘텐츠를 좋아하는 '스벅 덕후'도 많다. 덕후가 많다는 것은 스타벅스가 보여 주는 고유의 가치와 혁신 사례가 끊임없이 이어진다는 것을 뜻한다.

스타벅스가 사랑받는 이유가 도대체 무엇일까? 스타벅스는 자체 양성한 1만 4,000여 명의 숙련된 바리스타들이 어느 매장에서든 똑같은 맛을 즐길 수 있는 커피를 제공한다는 점이다. 차별화된 서비스, 전문적인 로스팅 기술과 철저한 품질 관리, 고급스러운 인테리어는 기본이다. 그러나 이게 전부는 아니다. 바로 '스타벅스 감성' 때문이다. 스타벅스 카드를 사용할 때 별 적립이나 쿠폰 지급, 다양한 이벤트 행사에 참여가 가능한가 하면 스타벅스에서만 마실 수 있는 음료가 있다. 미국 시애틀에서 유래한 자유로운 감성과 이를 상징하는 로고를 내세워 때론 줄을 서서 기다려서 사야 할 정도로 희소성이 특징인 굿즈 출시도 인기를 끈다. 최근에는 K팝 걸 그룹 블랙핑크와 손잡고 블랙핑크 로고가 새겨진 텀블러와 키링, 파우치 등의 굿즈를 출시했는가 하면, 대형 전기 스포츠 유틸리티 자동차SUV EV9 출시를 맞아 기아자동차와 협업해 굿즈를 만드는 파격을 선보이기도 했다. 이렇게 스타벅스는 꾸준한 변화와 혁신을 시도하면서 커피 프랜차이즈 가운데 충성 고객을 가장 많이 확보한 기업이 된 것이다.

1999년 여름, 3층 규모의 건물에 총 매장 면적 80평, 좌석 100석의 '대한민국 1호' 스타벅스 이화여대점이 오픈했을 때 하루 방문객 수는 700명 정도였다. 그 후 스타벅스는 한국 시장 진출 17년이 되는 2016년에 1000호점을 돌파했다. 2022년 말 전국에 있는 스타벅스 커피숍은 1,777개이고 연간 매출액은 1조 9,284억 원에 이르렀다. 해마다 100여 개가 넘는 매장이 늘어나고 있다. 점포 수 확대로 강력한 브랜드 파워를 갖게 된 스타벅스는 하루 평균 80

만 명 이상의 고객이 드나드는 곳이 됐다.[5]

유동 인구를 대거 유입시켜 고객을 유인하는 능력이 뛰어나다 보니 스타벅스가 들어서는 곳마다 지역 상권에서 고객을 끌어 모으는 유명 점포를 뜻하는 앵커 테넌트Anchor Tenant 효과를 발휘했다. 닻을 의미하는 '앵커'와 임차인을 뜻하는 '테넌트'의 합성어인 앵커 테넌트는 '키 테넌트Key Tenant'라고도 하는데, 많은 고객들을 그 건물로 끌어들이고, 이러한 고객들이 구매로까지 이르게 하여 주변 점포들의 매출 상승에 크게 영향을 미친다. 건물주 입장에서는 안정적인 임대 수익을 내는 것은 물론 건물의 가치를 올려 주는 핵심 우량 임차인이다. 앵커 테넌트는 시대와 소비 트렌드에 따라 변해 왔다. 예전에는 패밀리 레스토랑, 글로벌 SPA제조·유통 일괄형 브랜드 등이 그 역할을 했으나 최근에는 커피 전문점 스타벅스가 대표적인 앵커 테넌트로 꼽힌다.

지난 2011년 개그맨 박명수가 아내 명의로 29억 원에 매입한 성신여대입구역 부근 건물에 이듬해인 2012년 스

---

5    신세계그룹 뉴스룸 www.shinsegaegroupnewsroom.com, 검색일 2023년 6
     월 7일.

타벅스가 건물 전 층을 임대해 문을 열었다. 2013년 박씨 부부는 이 건물을 46억 6,000만 원에 팔아 2년도 안 돼 17억 6,000만 원의 시세 차익을 거두어 화제가 된 적이 있다. 대로변도 아닌 대학가 이면 도로에 위치한 대지 177제곱미터, 연면적 474제곱미터, 지하 1층~지상 4층 규모의 중소형 건물이 스타벅스라는 우량 임차인을 맞으면서 가치가 치솟았던 것이다. 입주 당시 스타벅스는 2019년 4월을 만기로 7년간 계약했다.[6]

'앵커 테넌트'는 스타벅스를 비롯해 영화관, 대형 마트, 대형 서점, 키즈 카페, 유명 프랜차이즈 커피숍 등이 대표적이다. 고객을 끌어들이는 효과가 뛰어나 같은 건물의 다른 점포는 물론 주변 상권까지 들썩이는 시너지 효과를 발휘한다. 이 때문에 해외에서는 낙후된 지역에서는 국가나 지방 자치 단체의 공적 재산을 들여 개발하기보다는 앵커 테넌트 효과를 활용하기도 한다.

이렇게 앵커 테넌트를 갖춘 상가는 유동 인구가 늘어

---

[6]    스타벅스 코리아 홈페이지 www.starbucks.co.kr/footer/company/mission.do, 검색일 2023년 6월 7일.

나 안정적인 수익을 거둘 수 있고, 주변 상권 형성도 빠르게 진행돼 부동산 가치 상승도 높다. 자신이 매입한 건물에 스타벅스가 들어와서 건물값을 높였다는 박명수 씨의 사례처럼 스타벅스라는 앵커 테넌트는 상권 활성화를 보장할 뿐만 아니라, 건물의 가치마저 상상 이상으로 올리는 경우가 많다. 이 때문에 새롭게 개발하는 지역의 건물은 앵커 테넌트에 사활을 건다. 앵커 테넌트의 유무가 건물의 경제적 가치를 좌우하는가 하면 임대료와 분양가에도 영향을 주기 때문이다. 그래서 규모가 어느 정도 되는 상가 건물을 가지고 있는 건물주라면 누구나 1층에 스타벅스 입점을 꿈꾼다. 스타벅스만 입점하면 수십억 원을 번다는 소문이 나다 보니 스타벅스 전문 브로커가 설친다는 이야기가 나올 만도 하다.

앵커 테넌트의 대명사와 같은 스타벅스는 지금도 한국에서 꾸준한 성장세를 보이고 있다. 30여 가지 리저브 원두와 고급스러운 인테리어로 차별화된 서비스를 제공하는 리저브바 매장이 생겼는가 하면 티 음료를 현대적으로 재해석한 티바나 특화 매장 등을 확대해 차별화된 브랜드 이미지를 높이고 있다. 또한 2014년 IT 기술을 도입해 국내에서 처음 스마트폰 앱으로 주문할 수 있도록 한 '사이렌 오더'는 이미 전 세계 표준으로 자리 잡았고, 2018년 차량 정보를 등록하면 드라이브 스루 매장 진입 시 자동 인식해 별도의 결제 과정 없이 자동 결제되는 시스템인 'My DT Pass'는 디지털 트랜스포메이션의 성공 사례가 됐다. 과거에는 없던 IT 기반의 혁신 사례 적용은 여전히 한국의 커피 산업을 스타벅스가 주도하고 있기에 가능하다.

지금도 한 해에 100여 개 이상의 스타벅스가 문을 연다. 스타벅스 홈페이지에 보면 스타벅스의 사명을 "인간의 정신에 영감을 불어넣고 더욱 풍요롭게 한다"고 큼직한 볼드체로 알리고 있다. 게다가 "한 분의 고객, 한 잔의 음료, 우리의 이웃에 정성을 다한다"는 말도 덧붙였다. 최근에는 2025년까지의 중장기 전략인 'Better Together 가치 있는 같이' 프로젝트를 시작했다. 커피에 대한 소비자의 열정에 불을 당기며 일상을 풍요롭게 하는 특별한 경험을 선사한 스타벅스가 여전히 고속 성장의 길을 달리고 있다. 혁신의 아이콘이자 앵커 테넌트로 관심을 받아온 스타벅스가 미래에는 어떤 모습으로 의미 있는 가치를 창출할지 사뭇 궁금해진다.

# 서울의 미래 유산이 된
# 학림다방

시간이 가면 모든 것이 변하기 마련이다. 주변의 익숙한 풍경도 사라지고, 풍경과 함께 늙어 가는 사람도 세상을 달리한다. 한때 화려했던 건물은 빛이 바래고 누추해지다가 기억 속에서 사라져 간다. 곳곳이 도시화를 겪으며 주변은 새로운 것이 만들어진다. 허물고 새것을 세우다 보니 소중한 추억이 깃든 자리나 일터였던 곳이, 때론 피와 땀이 밴 곳들이 개발이란 이름으로 묻히거나 사라져 간다.

하지만 그렇게 사라져 가는 것이 많은 틈새에서 묵묵히 자리를 지켜낸 것들이 있다. 오래도록 자리를 지키면서 그 존재 자체만으로도 소중한 가치를 인정받는 것을 일컬어

커피, 이토록 역사적인 음료

문화유산文化遺産, cultural heritage이라고 한다. 흔히 문화유산이라고 하면 으레 궁궐이나 도자기, 고서나 고문서 같은 것을 떠올리곤 하지만 후대에 계승·상속할 만한 가치를 지닌 전대의 문화적 소산도 유산이다.

서울특별시에서는 2013년부터 오래된 미래의 가치를 지닌 유산을 발굴하는 '서울미래유산' 제도를 시행하고 있다. 문화유산으로 지정되거나 등록되지 않은 근현대 문화유산 가운데 미래 세대에게 전달할 만한 가치가 있는 유·무형의 유산을 시민들의 사회적, 정서적 합의로 찾는 노력이다. "오늘, 우리는 100년 후 보물을 준비합니다"라는 슬로건처럼 서울 사람들이 근현대를 살아오면서 함께 만들어 온 공통의 기억 또는 감성으로 미래 세대에게 전할 만한 가치가 있는 100년 후의 보물을 남기기 위함이다.

미래 유산은 가치 평가가 불완전하고 현재에도 이용되고 있기 때문에 대상과 범위도 넓고 다양하다. 근현대 서울을 배경으로 시민들의 기억 속에 남아 있는 사건이나 인물 또는 이야기가 담긴 유·무형의 자산 가운데 제대로 평가받기도 전에 멸실·훼손 우려가 있는 것이 주를 이룬다. 법령에 의거해 보존이 의무화된 문화유산과는 달리 미래

서울의 미래 유산이 된 학림다방

유산은 국가나 서울시 지정 문화유산, 등록문화유산으로 지정되지 않은 유산을 대상으로 정한다.

　미래 유산은 근현대를 살아오면서 간직한 추억과 감성을 지닌 유산 중에서 시민 스스로 발굴하고 사회적, 정서적 합의를 바탕으로 지정한다. 2024년 7월 기준으로 등록된 서울시 미래 유산은 모두 499개다. 유형으로는 주거 생활, 종교·신앙, 교육·문화, 과학·기술, 산업·경제 등의 공간이 있고, 역사와 이야기 배경, 영화 등으로 폭이 무척 넓다. 지정된 사례들을 보면 1939년 개업하여 3대째 가업을 이어 오고 있는 갈비 전문 식당인 한일관을 비롯해 서울에서 가장 오래된 이발관인 성우이용원, 김영삼 전 대통령의 단골집으로 유명한 성북동 국시집 등이 있다. 해방 이후 형성된 집창촌이 1970년대 이후 지역 재개발의 영향으로 변모한 영등포 쪽방촌도 있고, 1·21 사태 교전의 흔적인 15발의 총탄 자국이 선명하게 남아 있는 소나무도 있다. 영화도 한 카테고리다. 대표적인 것이 소설가 최인호가 쓴 소설을 1975년 하길종 감독이 영화로 만든 〈바보들의 행진〉이다. 이들 가운데 다방으로는 학림다방學林茶房과 독수리다방이 있으며, 커피숍으로는 1975년 신촌 일대에서 처음으로 개업한 원두커피 전문점 미네르바가 있다.

종로구 대학로 119에 위치한 학림다방은 1956년에 개업한 다방이다. 서울대학교 혜화동 시절부터 존재했던 유서깊은 이 다방은 '문리대학 제25강의실'로 불릴 만큼 서울대학교와 깊은 관계를 갖고 있다. 다방 이름도 동숭동에 서울대학교 법과대학, 예술대학, 문리대학이 있던 시절, 문리대학 축제 명칭인 '학림제'에서 따온 이름이다.

학림다방은 1960년대 서울대 출신 문인들의 아지트였다. 천상병, 전혜린, 이덕희, 이청준, 김승옥, 김지하, 김광규, 박태순, 황석영, 황지우 등 한 시대를 이끌었던 젊은 문인들과 이인성, 김민기 등 음악·미술·연극 등 예술계 인사들이 드나들던 곳이다. 이곳에서 낮에는 커피를 마시고, 밤에는 술잔을 기울이며 시국과 문학에 대해 토론을 이어 갔다. 서슬 퍼런 시절 '문학과 지성'을 탐하던 이들이 강의를 빼먹고 모여 앉아 좌절과 고뇌를 이어 가던 이 다방을 '제25강의실'이라는 별칭으로 불렀다.

학림다방은 1980년대의 대표적 공안 사건인 이른바 '학림 사건'의 시발점이 되면서 세상에 널리 알려졌다. 1979년 12월 12일, 계엄사령관을 연행하고 권력을 장악한 전두

서울의 미래 유산이 된 학림다방

학림다방 30년전 사진전-오래전 학림다방 풍경.
ⓒ이충렬 학림다방 대표

환·노태우 등이 주도한 군부 세력은 1980년대 들어 조작된 용공 사건으로 공안 정국으로 몰아가려 했다. 무력으로 탈취한 정권이라는 태생적 약점을 공포 정치로 덮고 반대 세력을 억제하기 위해서였다. 대표적인 사건이 1981년 벌어진 '학림 사건'이었다.

1981년 민주화 운동 단체인 전국민주학생연맹이 학림다방에서 첫 회합을 가졌다. 신군부는 학생들이 반국가 단체를 조직해 사회주의 폭력 혁명으로 정권을 붕괴시키려 한다는 구실로 이들을 강제 연행했다. 영장 없이 학생들을 불법 구금한 경찰은 치안본부 대공분실에서 온갖 고문과 가혹 행위를 저지르고 협박과 회유를 했다. 학림 사건은 학림다방에서 첫 모임을 열었다 해서 붙은 명칭이지만, 한편으론 '숲林'처럼 무성한 '학學'생 운동 조직을 일망타진했다 해서 학림 사건이라 불렸다.

학림 사건 이후 민주화 운동의 터전이던 학림다방 주변도 변했다. 1975년 서울대학교 동숭동 캠퍼스가 관악으로 이전한 뒤라 개발 바람을 타고 주변으로는 공연장, 소극장 등이 들어서고, 프랜차이즈 커피숍과 호프집 등이 들어섰다. 대학로의 분위기도 달라졌다. 저항의 공간은 낭

서울의 미래 유산이 된 학림다방

만적인 이미지로 덧씌워졌지만 이식이 불가능한 낭만의 상징인 마로니에와 은행나무 등은 추억과 함께 동숭동에 남겨졌다.

긴 세월 동안 많은 일이 명륜동에서 일어났고 많은 것이 그 주변을 떠나갔다. 시국을 걱정하며 더 나은 세상을 꿈꾸던 젊은이들도 학림다방과 함께 나이가 들어갔다. 예전처럼 문인들의 사랑방으로 존재하지는 않지만, 그 세월을 지켜보며 학림다방은 70년 가까이 옛 모습 그대로 자리를 지키고 있다. 주인이 몇 차례 바뀌고, 재건축과 내부를 조금씩 리모델링을 한 탓에 다소 변하기는 했지만, 여전히 '학림學林'이란 이름을 달고 대학로의 상징으로 세월의 무게를 견디고 있다.

몇 년 전 다시 대학로를 지나 학림다방을 가 보았다. 다방 입구에 걸린 '서울미래유산 동판'에는 황동일 시인의 헌시 '학림다방'이 새겨져 있었다. "학림은 아직도, 여전히 60년대 언저리의 남루한 모더니즘 혹은 위악적인 낭만주의와 지사적 저항의 70년대쯤 어디에선가 서성거리고 있다"로 시작하는 글이다. 이 헌사를 되새기며 유리문을 밀고 들어가니 정겨운 나무 계단도 그대로다. 계단을 올라

문을 밀고 들어서면 학림다방이 모습을 드러낸다. 칠이 벗겨진 테이블과 소파, 손때 묻은 피아노, 다락층 벽에 걸린 고전 음악가들의 낡은 흑백 사진들…. 주변 풍경이 오래된 빛으로 다가오지만 은은한 커피 향과 분위기에 어우러진 클래식 음악이 공간을 가득 메우고 있다. 오래전부터 이 집만의 시그니처인 '비엔나커피'도 여전하다. 복층처럼 꾸며진 2층은 흡사 다락방과 같다. 그곳에 앉아 아래를 내려다보면 주인장이 커피 내리는 모습, 커피 잔을 두고 도란도란 이야기 나누는 손님들의 모습이 한눈에 들어온다. 이곳에서 지난 세월 수많은 이야기가 오갔을 것이다. 황동일 시인의 헌사처럼 "하루가 다르게 욕망의 옷을 갈아입는 세속을 굽어보며 우리에겐 아직 지키고 반추해야 할 어떤 것이 있노라고 묵묵히 속삭이는" 외침이 아직 들리는 것 같다.

학림다방은 그 시절 민주화 운동의 '학림'을 기억하는 사람들이 여전히 찾는다. 2000년대 이후에는 드라마와 영화 촬영지로 널리 알려지면서 젊은 층과 외국인의 발길도 눈에 띄게 늘고 있다. 2013년 12월부터 이듬해 2월까지 방영된 〈SBS〉 드라마 〈별에서 온 그대〉에서 주인공 도민준이

서울의 미래 유산이 된 학림다방

자주 찾던 장소로 알려지면서 한류 열풍과 함께 외국인 관광객이 즐겨 찾는 곳이 됐다. 2013년 〈SBS〉 드라마 〈상속자들〉에서 칼라 보노프Karla Bonoff가 푸근하고 부드러운 목소리로 부른 'The water is wide'가 은은하게 흘러 나오던 공간도 바로 학림다방이다.

학림다방의 삐걱거리는 계단을 오르는 손님들은 커피 맛보다는 고유한 분위기와 오래된 이야기에 매료돼 찾는다. 70대가 훨씬 넘어 보이는 이들이 달달한 비엔나커피에 그들의 옛 청춘을 떠올리며 대학 시절을 회상하는가 하면, 아날로그에 대한 호기심과 로망을 품은 20대 청년들도 학림다방에 얽힌 방명록을 뒤척이며 사연을 읽어 가기도 한다. 누군가는 과거를 추억하고 누군가는 현재를 음미한다. 최근에는 서울미래유산 스티커 투어를 위해 방문하는 이들도 늘었다고 한다. 그런 20대의 호기심과 중장년층의 추억과 기억을 모두 충족시켜주는 곳이 학림다방이다.

학림다방은 저항과 낭만의 아우라가 깃든 곳이다. 시간이 멈춘 듯한 복고풍 분위기이지만 낭만과 저항의 시대를 거쳐온 대학 문화가 대중문화로 확산해 젊음과 한류로 이어진 곳이다.

학림과 함께 대학로의 문화를 꽃피우던 주변의 다방들은 대부분 자취를 감췄다. 샘터사 지하의 밀다원 다방도, 대학로의 랜드마크였던 오감도 다방도 오래전에 문을 닫았다. 고립을 자처하며 낭만과 저항의 시대를 사수하는 것이 쉽지 않았을 것이다. 1987년 학림다방을 인수해 지켜 가고 있는 이충렬 대표도 여러 해 전 인터뷰에서 "지켜 가야 할 무엇인가가 이곳에 있지 않을까 하는 생각으로 계속 이어 가고 있다"고 한 적이 있다. 남루해도 지켜 가야 할 무엇인가가 있는 곳, 오래된 가치가 소중해지는 곳. 그것이 이 "낡아서 삐걱거리는 나무 계단 위에 다락처럼 떠 있는 그 남루한 공간"[1]이 퍼져 가는 아우라다. 학림다방이 2013년 서울미래유산에 이름이 오른 것도 이런 역사와 문화적 가치 때문이다.

---

1    정찬, 《베니스에서 죽다》, 문학과지성사, 2003, 212쪽.

서울의 미래 유산이 된 학림다방

# 강릉은 어떻게
# 커피 도시가 됐나

강릉은 어떻게 커피 도시가 됐을까? 곳곳에서 커피를 주제로 강의를 할 때마다 자주 듣는 질문이다.

강릉에서 그리 멀지 않은 정선 산골에서 태어난 나에게 강릉은 어릴 때부터 역사 문화의 도시로 각인돼 있다. 중요무형문화재 13호이자 유네스코가 지정한 '인류 구전 및 무형유산 걸작'인 강릉 단오제를 비롯해 관동 팔경의 절경 중 하나인 경포대, 신사임당과 율곡 이이 선생이 태어난 오죽헌, 조선 시대 건축의 백미 선교장, 허균과 허난설헌 생가가 먼저 다가오는 곳이었다.

그런데 언제부터 강릉하면 커피가 생각나는 것은 비단

나쁜만이 아닐 것이다. 중남미에서 커피가 들어오는 부산을 비롯해 일찍 개항이 되면서 우리나라 최초의 서양식 호텔이 생긴 인천, 에티오피아 커피 스토리가 일품인 낭만 도시 춘천이 있는데, 강릉은 어떻게 커피 도시가 됐을까?

강릉이 커피 도시가 된 발단은 지금처럼 핸드 드립 커피나 에스프레소가 아니라 자판기 커피였다.

우리나라에서 자판기 시대가 본격적으로 열린 것은 1977년 롯데산업이 일본 샤프 자판기 완제품 400대를 수입하면서부터다. 이 자판기는 인구 이동이 많은 서울역을 비롯해 시청 앞, 종로 등에 설치돼 단연 인기를 끌었다. 1980년부터는 금성과 삼성이 자판기 제조에 뛰어들면서 커피 자판기는 전국 대학교 단과대학 건물이나 식당, 도서관은 물론 터미널이나 사람들이 모이는 거리 곳곳에서 흔하게 볼 수 있는 풍경이 됐다.

강릉 안목 해변에도 정확히 언제인지는 알 수 없으나 이 무렵 커피 자판기가 들어왔다. '바닷가에 웬 자판기?'라고 생각할 수 있으나 안목 해변 주위는 1980년대부터 유동 인구가 부쩍 늘어난 곳이다. 가까이에 지금은 강릉항으로 이름이 바뀐 안목항이 있는 데다가 항만에서 일하던 사람

강릉은 어떻게 커피 도시가 됐나

들이 많았다. 안목의 수산물 판매장을 찾는 사람들이 점심 식사를 하고 바닷가를 거닐면서 해변의 가게마다 들어선 자판기에서 커피를 뽑아 먹기 시작했다. 지금은 커피 거리가 생겨나 핫한 관광지로 알려져 전국에서 찾아온 관광객들이 창밖으로 푸른 바다를 바라보며 한 잔의 커피를 마시기에 그만이지만 그때는 그렇지 않았다. 조금 벗어나도 해만 떨어지면 민간인 출입이 금지된 경계 지역이었다.

강릉은 최전방과는 제법 거리가 떨어져 있지만 해안선을 끼고 있어 최전방에 버금가는 지역이었다. 우리나라 최북단 전투 비행장이 있는 곳이고, 바로 아래 동해에는 해군 1함대 사령부가 있는 군사적 요충지이기도 하다. 이를 역사가 증명하듯 한국 전쟁도 북한의 전면 남침이 시작되기 한 시간 앞서 전투가 시작됐다. 1968년에는 울진·삼척에 침투한 무장 공비 120명이 국군에 소탕되기까지 게릴라전을 벌이며 숨어든 사건도 있었고, 1996년 9월에는 안인진에 침투한 북한 잠수함이 해안에서 좌초됐고, 도주한 간첩 토벌 작전이 벌어지기도 했다.

남북의 치열한 대결장이었던 강릉, 그 횟집 거리에서 영롱한 햇살을 받으며 바다를 마주한 커피 자판기의 커피는 알음알음으로 알려지기 시작했다. 안목의 커피 자판기가 강원도 1호 자판기라는 소문이 났는가 하면, 탁 트인 바다로 나가 마시는 커피여서인지 이상하게 더욱 맛이 좋다는 입소문도 났다. 요즘으로 치자면 달달한 믹스 커피에 해풍이 더해진 약간 단짠 커피인데다, 바다를 바라보며 마시는 낭만 때문일 것이다. 안목 커피는 그럴 듯한 소문으로 브랜드가 됐다. 악의 없는 소문, 이것이 통할 수 있는 것은 인간은 생각만큼 이성적이지가 않고, 감성이나 감동에 쉽게 흔들릴 수 있기 때문이다.

카메라가 흔하지 않던 시절 바닷가를 배경으로 종이컵을 들어올리던 부모의 행동은 세월이 지나며 자녀들에게 고스란히 전해졌다. 안목의 자판기 커피를 일찍 경험한 세대가 스토리텔링을 한 셈이다. 여기에 더해 신라 진흥왕 때 네 명의 화랑이 강동면 하시동리 한송정寒松亭을 찾아 샘물로 차를 끓여 마셨다는 기록은 강릉이 우리나라에서 가장 오래된 차 유적지 가운데 하나로 물이 좋다라는 감성을 자극하기에 충분했다.

이러한 스토리는 체험과 감동으로 이어져 "강릉 자판기 커피는 더욱 맛이 좋다"는 그럴 듯한 소문은 더욱 퍼져 갔

강릉은 어떻게 커피 도시가 됐나

고, 이로 인해 강릉은 가장 앞서 국내 제1의 커피 도시로 성장하게 됐다.

커피 자판기의 커피를 뽑아 들고 인생의 굴곡을 논하던 안목 해변이 1980~90년대 청춘들의 명소였다는 부모 세대의 '썰'은 그대로 자녀들에게 전해지고, 이를 공유한 젊은이들은 이를 실천하기 위해 안목을 찾기 시작했다. 이들은 부모 세대가 그랬던 것처럼 자판기에서 커피를 뽑아 쉼 없이 밀려와 포말로 부서지는 바다를 배경으로 인증샷을 남긴다. 지금도 포털 사이트에서 안목 커피를 검색하면 사시사철 바다와 해변을 배경으로 커피를 들고 찍은 사진이 유독 많은 것은 '스토리두잉Story-Doing'의 힘이라고 할 수 있다. 커피를 대상으로 스토리두잉을 한 세대는 파도 소리를 들으며 강릉을 더 깊게 알게 된다.

이야기는 굴곡이 있어야 재미있다. 늘 기쁘고 행복하기만 하면 아무도 그 이야기에 귀를 기울이지 않는다. 부모 세대가 전달하던 굴곡진 이야기의 '스토리텔링'이 불과 반 세기도 채 되지 않아 자녀들이 즐기며 직접 경험하는 '스토리두잉'이 된 셈이다. 스토리는 단순하게 이를 전달하는 텔링을 넘어 두잉이 있어야 쌍방향으로 공유되고, 이러한

안목 해변에 위치한 커피 자판기.

과정이 지속되면서 입소문은 사실처럼 굳어진다. 어쩌면 브랜드·마케팅 회사 코컬렉티브Co:collectiove의 창업자 타이 몬태규Ty Montague가 2013년 창안한 이 용어가 일찍이 실행에 옮겨진 사례라 할 수 있다.

안목 자판기가 강원도 최초의 자판기이던 아니던 그게 중요한 것은 아니다. 자판기 커피를 두고 뒤섞이고 겹쳐진 기쁘고 슬픈 이야기가 일회성이 아니라 끝없이 체험으로 이어지면서 '강릉 커피 DNA'로 빠르게 뿌리를 내린 것이다. 이를 실제 행동으로 옮기는 세대는 굴곡진 이야기를 흥미진진하게 바꾸며 정체성을 만드는 데 기여했다. 강릉이 커피 도시가 된 것은 스토리텔링을 넘어선 스토리두잉이 정체성을 만들었기 때문이라고 할 수 있다.

강릉 커피를 알게된 이들의 체험과 쌍방향 소통을 중시하는 스토리두잉은 대세가 됐다. 사람들은 일방적으로 스토리를 전달받기보다 직접 경험하기를 원하면서 기종이 바뀌기는 했지만 안목 해변의 자판기는 아직 여전하다. 자판기 커피가 입소문이 나면서 이곳이 인증샷의 성지가 됐다.

강릉 커피의 인기 뒤에는 '포모FOMO, Fear Of Missing Out'가 있다. 포모는 미국의 벤처 투자가이자 작가인 패트릭 맥기니스Patrick J McGinnis가 하버드대학교 경영대학원에 다니던 시절에 기고한 글에서 처음 사용한 용어다. 한마디로 흐름을 놓치거나 소외되는 것에 대한 두려움을 뜻하는 소외불안증후군이다. 맥기니스는 포모를 일컬어 "요람에서 무덤까지 따라가는 인간 심리의 일부"라고 했다.[1] '포모 사피엔스Fomo Sapience'는 당연히 '포모증후군'을 지니고 사는 사람들이다.

포모는 코로나 유행 훨씬 이전부터 하나의 유행처럼 됐다. 스마트폰의 등장과 소셜 미디어의 일상화는 이 감정을 촉발시켰고 오늘날 모든 사회 계층에 스며들어 현대인의 고통이자 질병처럼 됐다. 안목 해변의 자판기에서 커피를 뽑아든 이들 중 대다수는 커피를 마시는 것보다 자신의 SNS에 '#강릉', '#안목커피'라는 문구와 함께 바닷가를 배경으로 찍은 사진 한 장을 올리기 위한 목적이다. 이같은 현상이 반복되면 반복될수록 여기에 속하고자 하는 사람들은 많아진다. 혼자 뒤쳐질 수는 없다며 '스토리두잉'을 적극 실천한다. 주변 사람들이 입을 모아 이야기하는 안목

---

1 패트릭 J 맥기니스, 이영래 옮김, 《포모 사피엔스》, 미래의창, 2022, 57쪽.

강릉은 어떻게 커피 도시가 됐나

커피에 대한 대화에 끼려면 안목 커피를 경험하고 인증을 해야 하기 때문이다. 스토리텔링이나 스토리두잉 등의 용어에 익숙치 않은 이들도 나만 놓칠지 모른다는 조바심 속에 포모가 작동했다. 비록 커피 맛은 그렇고 그래도 커피를 뽑아 들고 인증샷을 남기기 시작했던 건 모두가 포모 사피엔스였기 때문이다.

세상이 달라지고 SNS의 영향력이 더 커지면서 이제는 FOMO뿐 아니라 'FOBO Fear Of Better Options, 더 나은 선택에 대한 불안'까지 작동하며 또 하나의 증후군이 됐다.

강릉은 스토리두잉이나 포모라는 용어가 나오기 이전인 1980년대 초부터 커피 명소로 손꼽히기 시작했다. 커피 트렌드가 바뀌고 소비자들의 안목이 높아지기 시작한 2004년, 우리나라 커피 1세대라 불리는 커피 장인 박이추 선생이 강릉 연곡면에 보헤미안 커피점을 개점하고, 이어서 테라로사 커피 공장 본점이 들어왔다. 2009년부터 열리는 커피 축제에는 해마다 50만 명 이상이 찾아 835억 원2018년 기준의 경제 효과를 창출하고 있다.[2] 국민 관광지

---

2    '커피 도시' 경쟁에 나선 전국 지자체들', 〈조선일보〉, 2023년 7월 13일자

커피, 이토록 역사적인 음료

였던 경포 인근은 바닷가를 낀 곳은 물론 시내에 800곳이 넘는 카페가 들어섰고 초당 옥수수 커피, 흑임자 라떼 등으로 유명한 카페들은 평일에도 줄을 서야 주문할 수 있을 정도다. 강릉을 찾는 관광객들은 집으로 돌아가기 전 카페에서 원두 모양의 커피콩 빵을 사는 게 필수 여행 코스로 자리 잡았다. 커피숍과 로스터가 생겨나고 커피 박물관, 커피 아카데미가 개설되면서 바닷가와 도심에 커피 클러스터가 조성된 것이다. 2023년 9월에는 강릉시가 커피 산업 등의 육성 및 지원에 관한 조례를 제정하고 2024년부터 3년간 15억 원을 지원해 커피 고급화, 판로 개척, 사업 확대 등을 통해 커피 도시의 명성을 이어 가고 있다.

요즘 전국 지방 자치 단체들이 '커피 도시' 경쟁을 벌이고 있다. 인구 감소로 인한 지역 경제의 어려움을 커피를 매개로 관광객을 유치하고 소비를 유도한다는 취지다. 강릉과 부산 등의 지방 자치 단체들은 조례까지 제정해 커피 산업을 지원하고 나섰다. 우리 국민 1인당 커피 소비량이 405잔으로 전 세계 평균 152잔보다 무려 2.6배가 넘는 점을 활용해 생활 인구를 늘이고 지역 경제를 활성화한다는

강릉은 어떻게 커피 도시가 됐나

전략이라 할 수 있다.[3]

전국 지방 자치 단체들의 '커피 도시' 경쟁 속에 강릉이 커피 도시가 된 것은 우연이 아니다. 경포대와 한송정에서 신라 시대 화랑들이 차를 마셨다는 기록과 안목의 자판기 커피에서 커피 축제로 이어진 세월 동안 커피로 바뀐 바닷가 풍경은 강릉을 국내 최고의 커피 도시로 알리는 일등 공신이었다.

커피 자판기의 찬란했던 과거를 대신하고 강릉이 커피 도시로 자리 잡았었어도 커피 자판기는 여전히 건재하다. 화려한 커피숍 아래 길가에서 고즈넉한 바다를 바라보고 서 있는 커피 자판기 주변에는 여전히 포모 사피엔스가 서성거린다.

강릉은 바닷가 가까운 곳에도, 소나무 숲 사이에도, 대관령 그늘 아래에도 해를 거듭하면서 커피를 사랑하는 이들이 모여 갓 볶은 고급 커피를 맛볼 수 있는 특별한 곳이 됐다. 강릉이 커피로 이름이 나면서 바닷가 풍경도 달라진 도시가 됐다.

---

3    '커피 도시' 경쟁에 나선 전국 지자체들', 〈조선일보〉, 2023년 7월 13일자.